清华大学特大城市系列研究
本书承《保定历史文化名城保护规划（2021-2035年）》与
国家自然科学基金面上项目（51978360）资助

国家推动视角下的
保定近代城市变革研究

吴骞 著

中国建筑工业出版社

图书在版编目（CIP）数据

国家推动视角下的保定近代城市变革研究 / 吴骞著. —北京：中国建筑工业出版社，2023.7
（清华大学特大城市系列研究）
ISBN 978-7-112-28699-7

Ⅰ.①国⋯ Ⅱ.①吴⋯ Ⅲ.①城市史—研究—保定—近代 Ⅳ.①F292.23

中国国家版本馆CIP数据核字（2023）第080726号

责任编辑：何　楠　陆新之
版式设计：锋尚设计
责任校对：王　烨

清华大学特大城市系列研究
国家推动视角下的保定近代城市变革研究
吴骞　著

*

中国建筑工业出版社出版、发行（北京海淀三里河路9号）
各地新华书店、建筑书店经销
北京锋尚制版有限公司制版
建工社（河北）印刷有限公司印刷

*

开本：787毫米×1092毫米　1/16　印张：12¼　字数：252千字
2023年8月第一版　2023年8月第一次印刷
定价：**58.00**元
ISBN 978-7-112-28699-7
（41051）

版权所有　翻印必究
如有内容及印装质量问题，请联系本社读者服务中心退换
电话：（010）58337283　QQ：2885381756
（地址：北京海淀三里河路9号中国建筑工业出版社604室　邮政编码：100037）

序

"保定"即"保卫大都，安定天下"之寓意。自1227年保定建城后不久，元代定都大都，就此开启了保定城市发展的畿辅生涯。历史上的保定府城在1669—1913年整整244年间，一直是北京作为首都时的畿辅行省——直隶省[①]的省城，是作为直隶省城时间最长的城市。"畿辅""直隶"等与首都紧密相关的历史地域概念，深深烙进了保定的城市历史文化价值与特色之中，表征着保定城市发展因长期毗邻首都而受到强烈国家影响的鲜明特征。进入中国近代之大变革的历史进程，保定这样鲜明的城市发展特征仍在延续，而今天的雄安新区则延续了保定的这个历史传承。

保定近代城市变革与现有中国近代地方城市史研究的主要理论所描述的模式、机制等存在着较为明显的差异，既没有像上海等通商口岸城市那样受到直接、强烈的西方影响，又不像汉口等传统商贸城市那样拥有活跃的传统商业行会，其近代城市变革动力主要来源于国家基建投入与制度影响，可谓是中国近代的"地方改革国家示范城"。回到今天，毗邻首都与雄安新区的保定成为《京津冀协同发展规划纲要》中围绕首都功能这一核心的重要支点之一。因此，对有着深深的"畿辅""直隶"烙印的保定进行研究，确可为当今以发挥首都功能区域带动作用为核心的京津冀协同发展提供重要借鉴，也可对制度倾斜下的城市发展会带来怎样的影响加深了解。

早在1958年，两院院士吴良镛先生主持编制保定市城市规划，就开始了对保定城市发展的深度关注，到1986—1987年推动保定成为第二批国家历史文化名城，并主持编制了保定第一版历史文化名城保护规划，再到2017—2021年领衔编制保定第三版历史文化名城保护规划，吴先生带领清华大学建筑与城市研究所团队，持续推进着对保定这座城市的研究。

本书作者吴骞于2017年进入清华大学建筑与城市研究所攻读博士学位，在四年多的博士生涯里，立足于保定第三版历史文化名城保护规划的资助与支持，对保定的历史城区以及周边各区、县、镇、村进行了深度的实地调查与史

---

① 近代时期，随着1928年北洋政府灭亡，北京正式失去首都职能，直隶省也随之改为河北省（行政范围有一定变化）。因此，本研究中，将保定置于"区域—城市"层次进行近代探讨时，如涉及1928年前的，使用"直隶省"；涉及1928年后的，使用"河北省"；横跨1928年前后的，使用"直隶/河北省"。

料收集，并积极向京津冀三地的相关专家、单位求教，获取了大量与保定近代城市变革相关的京津冀历史文化信息与资料。在研究所团队已有相关研究的基础上，吴骞的论文选题进一步聚焦保定城市发展历程中时间距今未远且连接古代与现代城市发展的近代进程，围绕"如何认识国家推动的中国近代地方城市变革"的命题展开，本书即基于他的博士论文研究成果改编而成。从国家制度变革与地方经济社会发展具有互动影响的理论视角，对于保定，建构了清末国家治国目标转型下"国家基建现代化""地方官治制度扩张""地方自治制度劝办"的分析框架，以观察国家有限改革诉求下，铁路等大型区域基础设施的建设对推进地方经济发展演变的影响，为适应国家改革而引进的工巡、文教等城市管理制度的创新变革，以及为减少行政负担而推动的社会自治组织的建立等进程，并分析其演变、互动、存续的原因及其对推进保定城市近代化的影响。

研究发现，京汉铁路助力的"农业商品化"，推动了保定商贸服务的城市职能转变，强化了周边的城镇体系发展。随着民国时期首都的搬迁，保定的直隶地位缺失，虽然与天津的经济联系得到加强，但限于"农业商品化"的经济进程，没有能够进一步提升保定的区域经济地位。清末依托直隶地位开展的地方官治改革，包括工巡、警政和文教等，迎合了保定国家军政转型的示范要求和城市商贸职能的发展，但受制于地方经济发展水平和有限的区域影响，军政、文教改革的成果主要为输出，没有能够融合在自身的经济社会近代化变革之中。其为解决财政困境而辅以建立的地方自治机构——商会，应成为近代市民社会与政府互动的一种形式，但受制于制度路径依赖，陷落于官商勾结、政商与社会脱节的互动困境而不拔。本书认为，保定近代城市变革呈现出鲜明的波动性和非系统性，受困于国家与地方尺度互动的不交圈之中。即便如此，在国家铁路建设和官治、自治改革下，保定近代城市空间也发生了一系列空间重组，包括城市空间的扩散、"学生城"功能体系的形成，以及县治强化的近代城市治理单元的出现等，所有这些都对保定的空间发展造成了影响。本书还结合天津、石家庄、唐山、南通、中山等城市进行了对比研究。

本书对于认识我国近代城市受制于国家巨变的治理体制演变与经济社会发展动力之间的关系，进而进一步认识今天京津冀协同发展战略下保定以及河北其他城市治理体制改革的主要方向等具有重要的理论和实际意义。

在此也感谢保定市自然资源和规划局和保定市城乡规划设计研究院的专家、领导在我们编制保定历史文化名城保护规划时对吴骞的关照和支持，也感谢清华大学建筑与城市研究所的于涛方、王英、唐燕、梁思思、孙诗萌等老师在编制保定历史文化名城保护规划时对吴骞的帮助和辅导。

2021 年 12 月于清华园

目 录

序 / 吴唯佳

第1章　绪论 001
1.1　研究背景与意义 002
1.1.1　丰富中国近代地方城市史研究的理论认知 002
1.1.2　为未来京津冀协同发展提供近代历史借鉴 003
1.2　研究问题与方法 004
1.2.1　如何认识国家推动的中国近代地方城市变革 004
1.2.2　中国城市史的"区域性"与"综合性"研究方法 005
1.3　研究对象概念辨析 005
1.4　本书结构 007

第2章　理论框架 011
2.1　现有相关研究综述 012
2.1.1　中国近代城市史研究综述 012
2.1.2　保定近代城市史的研究现状 015
2.2　本研究的视角选择与框架参照 016
2.2.1　本研究视角：纵向国家推动地方城市变革 016
2.2.2　已有研究框架参照：多领域、动态演进的国家与社会关系分析 017
2.3　中国近代变革的整体观察 020
2.3.1　治国目标转型下国家推动的近代变革 020
2.3.2　中国近代变革三大关键国家推动领域的渐进关系 026
2.4　国家推动的中国近代地方城市变革研究理论框架构建 027
2.4.1　构建"基建、官治、自治"多领域理论框架 027

2.4.2 多领域理论框架的多区域层次融入.............................029

第3章 保定近代城市变革的基础与概览.............................033

　3.1 保定近代城市变革的基础.............................034
　　3.1.1 古代保定的基本区位条件.............................034
　　3.1.2 保定作为古代百年直隶省城的逐步成型.............................034
　3.2 保定近代城市变革的概览.............................039
　　3.2.1 洋务权臣领导的直隶省城近代变革萌芽（1870—1899）.............................039
　　3.2.2 首条国家铁路干线接入与国家新政示范（1899—1912）.............................039
　　3.2.3 民国北京政府下的清苑县城工、学兴盛（1912—1928）.............................041
　　3.2.4 首都转移后的铁路经济持续与改革完善（1928—1948）.............................041
　3.3 小结：国家铁路、官治示范与自治辅助推动的保定变革.............................042

第4章 首条国家铁路干线推动保定近代城市变革.............................045

　4.1 京汉铁路助力直隶/河北省近代"农业商品化"增强.............................046
　　4.1.1 直隶/河北省近代"农业商品化"增强的总体态势.............................046
　　4.1.2 京汉铁路对接传统内河航运助力"农业商品化"增强.............................048
　4.2 "农业商品化"推动保定近代城市职能转型与产业垄断.............................051
　　4.2.1 "农业商品化"增强下保定近代的两个机遇与区域竞争.............................051
　　4.2.2 围绕农产品转运与加工的保定近代冀中商贸中心职能的确立.............................053
　　4.2.3 冀中商贸中心职能下的保定近代城市产业垄断.............................056
　4.3 "农业商品化"增强下的保定近代腹地商贸兴旺.............................057
　　4.3.1 保定地区近代城镇经济中心等级体系变革评价结果.............................057
　　4.3.2 保定地区近代棉纺织业的分工与兴盛.............................058
　　4.3.3 津保航运兴盛下的新安镇与白沟镇的崛起.............................060
　4.4 小结："农业商品化"增强推动保定近代职能转型与产业垄断.............................063

第5章 地方官治改革国家示范推动保定近代城市变革.............................065

　5.1 生态与战乱危机促动的保定近代官治改革国家示范.............................066
　　5.1.1 生态与战乱危机下的直隶省近代地方失序.............................066
　　5.1.2 保定近代地方政府职能自上而下的部门化扩张历程.............................068
　5.2 保定清末城市警政示范与绅治替代.............................070

  5.2.1 保定清代城市治理的基本形态……070
  5.2.2 从湖南保卫局到保定工巡局的发展——警局对绅治的替代……071
 5.3 保定近代城市警政的实践……075
  5.3.1 保定清末警政的示范地位以及与通商口岸城市警政的差异……075
  5.3.2 保定清末城市警政的广泛实践……077
  5.3.3 京汉铁路竣工后的保定近代城市警政改良……080
 5.4 保定近代城市新学兴办与传统士绅转型……083
  5.4.1 保定清末城市新学示范与对士绅的关照……083
  5.4.2 保定清末城市新学推广与对士绅的倚重……085
  5.4.3 社会支持下的保定民国新学持续兴旺……087
 5.5 小结：官治扩张推动保定近代城市治理重构……088

第6章 地方自治辅助推动保定近代城市变革……091
 6.1 作为地方官治制度改革补充的保定近代城市自治困境……092
  6.1.1 地方官治制度改革捉襟见肘与直隶省"钦定自治"补充……092
  6.1.2 对比视野下的保定近代城市自治特征与困境分析……092
 6.2 近代保定商会的创立与自治优势……095
  6.2.1 近代保定商会的创立历程……095
  6.2.2 近代保定商会面向国家投入的积极的政商互动响应……098
 6.3 近代保定商会的自治架构优势与政商协作困境……102
  6.3.1 近代保定商会相对于保定其他自治组织的架构优势……102
  6.3.2 近代保定商会实践中的政商互动困境……104
 6.4 小结：在政府强烈影响下的保定近代自治探索与困境……105

第7章 铁路、官治、自治下的保定近代城市空间重组……107
 7.1 "农业商品化"推动保定近代城市空间结构离散……108
  7.1.1 保定近代城市空间加速扩张历程……108
  7.1.2 保定近代城市空间结构离散分析……115
 7.2 文教改革推动保定近代"学生城"功能体系形成……118
  7.2.1 保定近代城市功能体系转变与城乡教育水平失衡……118
  7.2.2 保定近代"学生城"的质朴氛围……122

  7.3 行政区划演进下的保定近代城市治理单元析出 124
    7.3.1 保定清末府治弱化与城乡区划分异 124
    7.3.2 民国时期保定城市治理单元析出 126

第8章 两组对比与保定近代城市变革机制分析 131
  8.1 与保定近代城市变革对比的对象选择 132
  8.2 域内对比：保定近代城市变革的波动性显著 132
  8.3 域外对比：保定近代城市变革的非系统性显著 135
  8.4 国家推动中国近代城市变革的"尺度对接"概况与模式 137

第9章 结论与展望 139
  9.1 研究结论与启示 140
    9.1.1 从基建投入到制度改革的国家推动保定近代城市变革特征 140
    9.1.2 国家推动中国近代地方城市变革的"尺度对接"重要性 141
    9.1.3 国家治理现代化溯源以及首都地区城市发展的国、地结合
       重要性 141
  9.2 主要创新点 142
    9.2.1 从国家推动的视角，认识中国近代地方城市变革 142
    9.2.2 探索多区域层次的中国近代地方单体城市史综合研究方法 142
  9.3 本研究的不足 143
    9.3.1 基于保定这一个案例的实证研究与理论框架验证存在局限性 143
    9.3.2 多区域层次的中国近代地方单体城市史研究还有很大的探索
       空间 143

附　录 145
  附录A　保定近代历史地图一览 146
  附录B　晚清部分莲池书院学子从业履历 147
  附录C　保定地区近代城镇经济中心等级体系评价及主要地名演变 149
  附录D　保定清末城市警政规章 153
  附录E　保定近代城市新式学堂信息汇总表 157

附录 F　保定四乡（近代保定城以外的清苑县农村地区）1930 年、

　　　　　　1936 年、1946 年农民文化程度数据 162

　　附录 G　保定近代城市自治重要规章 168

参考文献 171
致谢 186

第 1 章

绪论

1.1 研究背景与意义

早在1958年，两院院士吴良镛先生就开始对保定城市发展进行深度关注。从1958年主持编制《保定市城市规划》（吴先生将此过程在其传记《良镛求索》中单列一节记载），到1986—1987年推动保定成为第二批国家历史文化名城，并主持编制保定第一版历史文化名城保护规划，再到2017年后领衔编制保定第三版历史文化名城保护规划，吴先生持续关注并推进着对保定城市历史与未来发展的研究。吴先生曾在"保定市规划——昨天、今天和明天"一文中指出"保定市在当前和未来都与北京、天津这两个特大城市有着重大的、密切的联系"。在京津冀协同发展的新时代下，保定城市发展迎来面向首都功能、对接雄安新区建设等的新的发展机遇。受吴良镛先生的影响，在相关领域专家的指导下，选定此课题，开展国家推动视角下的保定近代城市变革研究，望继承前辈事业，发掘新时代下对保定城市特质与未来的新思考。

1.1.1 丰富中国近代地方城市史研究的理论认知

目前，中国近代地方单体城市史研究的现有主要理论包括以上海等通商口岸城市为主要研究对象，着重解析推动中国近代城市变革的西方影响以及国内反应的"冲击—回应"理论；以汉口等传统商贸城市为主要研究对象，着重证明推动中国近代城市变革的内生社会组织（如商业行会等）动力的"公共领域"理论等。经过多年的积累，现有中国近代地方城市史研究已基本覆盖了通商口岸城市、近代工矿城市、列强控制的城市、革命根据地城市、国民党控制的城市以及其他内地城市等各种类型的地方城市，但整体来看，研究对象仍主要集中于受外国势力影响较大或工商业发展条件较好的城市。

而保定近代城市变革却与现有中国近代地方城市史研究的主要理论所描述的模式、机制等存在着较为明显的差异，既没有如上海等通商口岸城市那样受到直接、强烈的西方影响，又不像汉口等传统商贸城市那样拥有活跃的传统商业行会。从变革的剧烈程度来看，保定这类作为中国封建时期的地方行政中心且近代未开埠的城市，由于近代经济区位的变迁、行政中心的转移等因素而并未形成较为强烈的变革，在现有的中国近代地方城市史研究中，也时常被归为"衰落城市"（董鉴泓，2004；何一民，2007）。但从变革的特征上来讲，保定仍然有它的特殊性与优越性，作为清代两百年直隶省首府，其近代城市变革动力主要来源于国家基建与制度投入，可谓中国近代的"地方改革国家示范城"。因此，保定近代的城市变革需要借助新的理论与分析框架来进行解析，可从国家推动的视角填补中国近代地方城市史理论的不足。

要说明一下的是，本研究并不是认为上海、汉口等的近代城市变革未受到国家动力影响（如上海、汉口等在行政等级逐渐从地方县、镇上升为中央直辖特别市的过程中，一定也受到了国家投入的推动，包括国家权臣李鸿章领导在上海筹建的中国近代最重要的洋务事业之一——江南制造总局，国家权臣张之洞推动筹建的连通首都与汉口的国家铁路干线——京汉铁路等），而是这些城市能够更鲜明地代表其他近代城市变革模式而支持"冲击—回应""公共领域"等经典理论的提出（如上海拥有中国近代最大规模的租界，汉口作为清代四大商业名镇而拥有强大的传统商业行会组织等）。同样，本文以保定为研究对象进行的国家推动视角下的中国近代地方城市变革研究也不否认保定近代城市变革受到了西方的影响（虽然没有租界，但保定近代城市变革中仍有不少外国教会人员在新学创办、医院建立等方面起到了一定的作用，并且警察等制度的创办也有限借鉴了西法等）与传统商业行会（为数不多的传统商业行会也积极响应国家倡导，创办商会而在保定近代城市变革中发挥了作用）等的推动，但相对而言，国家力量才是推动保定近代城市变革的主导（表1-1）。

上海、汉口、保定近代城市发展动力要素对比　　　　　　表 1-1

城市名称	行政建制概要	最大租界面积（km²）	晚清行会数量（个）
上海	上海县治→上海特别市治	22.34	30余
汉口	汉口镇治→汉口特别市治	1.87	100余
保定	直隶省会治→清苑县治	0	13

1.1.2　为未来京津冀协同发展提供近代历史借鉴

2014年2月26日，习近平总书记听取了京津冀协同发展专题汇报并发表重要讲话，明确了京津冀协同发展上升为国家重大战略的时代地位。2015年，《京津冀协同发展规划纲要》提出以首都功能为核心，要发挥重要城市的支点作用，而毗邻首都与雄安新区的保定就是这些重要支点中的一个，被纳入京津冀的中部核心功能区，定位为"区域性中心城市"。2017年，河北雄安新区以新时代国家重大战略支点的身份正式成立，保定市下辖的毗邻保定市区的容城县、安新县、雄县三县及周边部分地区被纳入规划范围。就此，保定成为既毗邻京津冀协同发展的战略核心——首都北京，又毗邻京津冀协同发展的重要引擎——雄安新区的京津冀中部核心功能区区域性中心城市。因此，保定的城市未来发展路径自然也就成了京津冀协同发展研究与实践中的重要命题之一。

习近平总书记多次强调历史文化对于城市高质量发展的重要性，先后作出了城市的"文明传承和根脉延续"，"文化底蕴毁掉了，城市建得再新再好，也是缺乏生命力的"，

"文化是城市的灵魂"等重要指示。2018年,《人民日报》基于习近平总书记在广州考察时对城市文脉延续所作出的重要指示,发表题为"让城市留下记忆"的文章,指出人类文明的发展脉络需要从城市发展的历史长河中寻找、挖掘,"城市的未来蕴含于城市的历史当中",只有保存好城市的记忆,人类文明才能够更好地前行。城市的未来难以在实验室中进行准确的模拟,而城市的历史作为城市文明演进中的实在经历,确可从中获得诸多验证城市各式发展路径成败的重要经验与教训。对时间距今未远,且连接古代与现代城市发展的近代城市史进行研究,更能为城市的未来提供线索与借鉴。

在保定这座国家级历史文化名城的众多历史文化价值与特色关键词中,"直隶"可谓最为重要的一个。"直隶"是我国历史上与首都紧密相关的历史地域概念,意为"天子脚下的心腹之地"①,包含着两层指向首都的含义:一是"天子脚下",即空间上毗邻首都;二是"心腹之地",即政治上为首都统御全国之首要。现今一般特指明清及民国初期,北京作为首都时的畿辅行省省名——直隶省。②而历史上的保定府城在1669—1913年整整244年间,一直作为直隶省城,相比大名府城的12年、真定府城的9年,保定府城成为承担直隶省会时间最长的城市。因而,在保定的城市发展历史当中,常常受到来自首都的国家力量的推动,这一特征在近代得到充分的延续,如中国近代最先上马的国家铁路干线项目——京汉铁路首先投建了卢沟桥至保定段,清末新政时期的众多地方制度改革的国家示范亦在保定开展等。因此,对积淀着深厚的直隶历史文化底蕴的保定近代城市变革进行研究,可为当今以发挥首都功能区域带动作用为核心的京津冀协同发展提供重要的历史借鉴,具有重要的现实意义。

1.2 研究问题与方法

1.2.1 如何认识国家推动的中国近代地方城市变革

紧紧围绕"国家推动"这一中国近代地方城市变革研究视角,以保定为例,尝试回答以下问题:

问题一:国家推动的中国近代地方城市变革历程有何特征?

问题二:国家推动的中国近代地方城市变革动力机制是怎样的?

问题三:对当前首都地区城市发展有何启示?

---

① 见《汉典》。
② 大辞海在线"中国地理卷"(http://www.dacihai.com.cn/search_index.html?_st=1&keyWord=%E7%9B%B4%E9%9A%B6)。

1.2.2 中国城市史的"区域性"与"综合性"研究方法

吴良镛先生（2006）指出，中国幅员辽阔的疆域与源远流长的文明，决定了中国城市史研究尤为需要强调"区域性"与"综合性"，中国近代城市史的研究除了重视历时性特征外，不能脱离区域性特征，即不同历史、地理带来的空间差异。借鉴区域发展史的梳理与研究，才能更加全面、深入地揭示并理解城市变迁的特征与动力。另外，在本学科的中国城市史研究中，除了本学科尤为重视的物质空间外，仍需要加强对城市技术、交通、风俗、思想、文化、军事等的关联分析，采取综合研究范式。本研究将遵循"区域性"与"综合性"的研究方法，借助文献与调查、断代历史综合比较、数理统计分析等研究工具（李百浩等，2000）开展保定近代城市变革的区域综合研究。

就"区域性"而言，首先，区域是一个空间维度的概念，是城市发展的区域、地理基础，每个区域的变化节奏集中于城市而呈现，城市在一定时期形成的特色又会积淀成为区域的表征，强化区域的特征。与此同时，区域也是动态变化的。不同时期的区域划分不同，城市发展是一系列区域历史的重叠，它们相互之间存在关联，又明显不同。区域之间的城市交流也需要着重关注，才能完整认知城市发展的动力（武廷海，2000）。另外，即便是在同一时期，根据不同的研究议题，也需要以不同的区域层次作为研究范围。

就"综合性"而言，本研究将以本学科（建筑学、城乡规划学）的近代城市史研究关切——认识受多国势力推动的中国近代地方城市规划建设实践及其背后的管理制度与思想内涵的形成与演变——为基础，融合更广泛的历史学等相关学科的中国近代地方城市史研究对城市社会经济变革的关切，认识中国近代地方城市社会经济变革的特征以及背后的动因，从空间演变、制度创建到社会经济变革等方面，更加完整地勾勒国家推动视角下的保定近代城市变革。

1.3 研究对象概念辨析

研究保定近代城市变革，总体上涉及两个时段、多个空间层次的研究对象，其间的关系需要作一个结构性、简明化的研究说明，以明晰本研究的整体思路：在清末，主要涉及四个空间层次，"保定地区"包含"保定府"，"保定府"包含"清苑县"，"清苑县"包含"保定府城""清苑县城"；进入民国，主要涉及三个空间层次，"保定地区"包含"清苑县"，"清苑县"包含"清苑县城"。

清末"清苑县城"作为保定府治，也是"保定府城"的所在地，清末"保定府城"与"清苑县城"在空间范围上可以说是重合关系。到了民国，"保定府"被撤销，"清苑县城"作为保定府治的功能不复存在，"保定府城"虽然仍然会常常出现在民国的各类文献中，但理论研究上，这一概念已完全被"清苑县城"替代。在本研究中，有时需要将"保定府城""清苑县城"放到整个近代时期进行整体研究，为了便于研究论述，本研究用"保定城"作为近代"保定府城""清苑县城"的统称。

在近代文献中，曾出现了一个与"清苑县"紧密相关的重要概念"保定四乡"，即清末保定府城、民国清苑县城以外的清苑县农村地区，"保定四乡"将作为本研究关于保定近代城乡关系论述中的重要概念。清末"保定府"这一空间层次在民国曾短暂出现了"保定道""范阳道"等，空间范围不尽一致。

本研究依据历史地理资料还划定了保定城及其腹地组成的保定地区范围，作为本研究在"区域性"理念下的重要研究层次：主要依据上西河农区的大致范围以及明代志书中的保定府境图描绘的保定地区格局意向（图1-1），即北至易州、涞水县、定兴县，南至祁州、博野县，东至白洋淀，西至太行山前的完县、满城县，以保定府城为中心半径约60km的范围；并去掉保定境图中空间距离与保定府城相隔过远（以保定府城为中心半径约60km的范围）的深泽、束鹿（今辛集）；加上位于以保定府城为中心半径约60km的范围内，且通过京汉铁路与保定府城紧密联系的定州。最终确定的保定地区包含18座清代府州县城，即清直隶省城（清保定府城，民国清苑县城）、满城县城、安肃县城（民国徐水县城）、容城县城、雄县城、安州城（民国安新县城）、高阳县城、蠡县城、博野县城、祁州城（民国安国县城）、望都县城、定州城（民国定县城）、唐县城、完县城、易州城（民国易县城）、涞水县城、新城县城、定兴县城及其周边重要市镇。

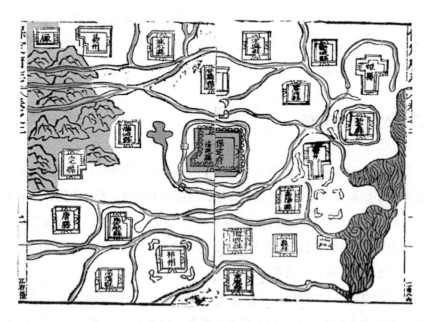

图1-1　保定府境图
图片来源：冯惟敏 等，1992

1.4 本书结构

全文共有9章,各章主要内容组织(图1-2)如下:

第1章 绪论。本章首先指出对曾作为直隶省城两百余年的保定进行近代城市变革研究,在理论层面可丰富中国近代地方城市史研究的理论认知,在现实层面可为未来京津冀协同发展提供近代历史借鉴的可能性与必要性。基于此,提出本研究的核心问题,即"如何认识国家推动的中国近代地方城市变革",遵循吴良镛先生提出的"区域性"与"综合性"的中国城市史研究方法,开展保定近代城市变革的区域性综合研究。最后介绍本研究的研究基础与本书结构。

第2章 理论框架。围绕"如何认识国家推动的中国近代地方城市变革"这一核心问题,本章首先对现有中国近代城市史、保定近代城市史相关研究进行综述,指出本研究的视角选择,参照多领域、动态演进的国家与社会互动分析框架,整体观察中国近代治国目标的转型及其背后的两条主要变革线索(支持强军、富国的地方生产技术现代化以及建立能够举全国之力的地方政治制度),明晰本研究的三个历时性分析领域:"国家基建现代化""地方官治制度扩张""地方自治制度劝办",融入多区域层次分析视角,构建国家推动中国近代地方城市变革的多领域、多区域层次的综合研究理论框架。

第3章 保定近代城市变革的基础与概览。本章从历史基础与近代历程概览两个方面为其后的核心章节(第4~8章)作铺垫。在历史基础方面,概述保定的基本区位条件及保定古代城市发展奠定的基本形制。在近代历程概览方面,概述保定在洋务权臣领导的直隶省城近代变革萌芽时期(1870—1899)、首条国家铁路干线接入与国家新政示范时期(1899—1912)、民国北京政府下的清苑县城工、学兴盛时期(1912—1928)、首都转移后的铁路经济持续与改革完善时期(1928—1948)这四个时期的近代城市变革总体历程。

第4章 首条国家铁路干线推动保定近代城市变革。首先分析我国最早上马的国家铁路干线项目——京汉铁路激活沿线原有内陆航道,助力直隶/河北省"农业商品化"增强的区域经济转型态势。然后,分析这一态势给保定带来的近代发展机遇与区域竞争,对保定近代城市区域职能转型的推动,以及职能转型下的产业垄断。最后,借鉴"施坚雅模式",进一步分析保定地区近代城镇经济中心等级体系变革,即以行政等级为首要的金字塔结构趋于流动性更强、更加扁平的结构,中等城市与重要市镇数量增加,并将这一变革趋势中得到重点发展的中等城市与重要市镇代表——高阳县城与新安镇、白沟镇作为典型案例进行分析,以明晰保定近代城市变革的经济基质。

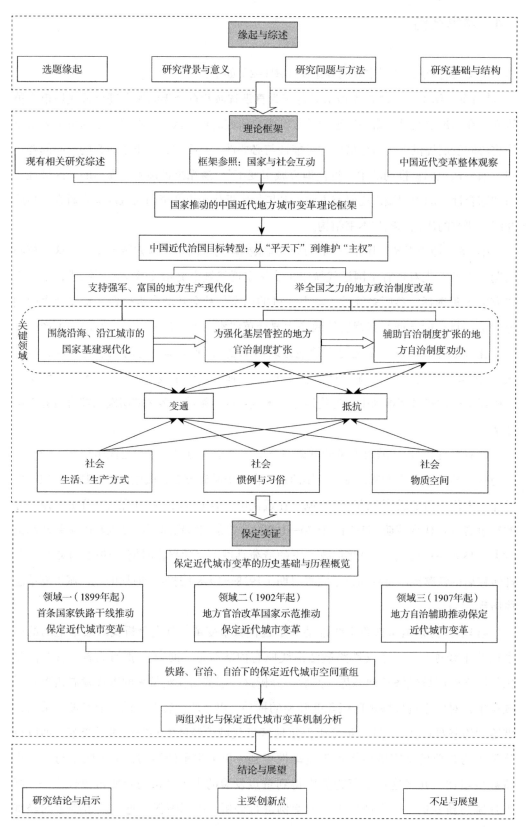

图 1-2 本书结构

第5章　地方官治改革国家示范推动保定近代城市变革。首先对直隶省与保定近代承担地方官治改革国家示范的宏观背景——清末生态与战乱危机进行论述，并整体介绍保定近代城市政府职能自上而下的部门化改革历程。其次，分析国家首创于保定的近代城市警政对保定传统城市治理核心——绅治的替代及其广泛、活跃的实践，并介绍前一分析要素——京汉铁路对保定近代城市警政改良的推动作用。最后，分析失去治理核心地位的士绅在保定清末城市新学兴办国家示范中的转型路径，以及这一路径在民国时期的延续。

第6章　地方自治辅助推动保定近代城市变革。首先，整体介绍直隶省与保定的清末地方官治改革国家示范在政府治理能力与财政保障上的捉襟见肘及由此开启的地方自治辅助。以此为背景，分析保定近代城市自治的两种主要形式——清末保定城议—董事会与民国清苑县第一区公所的总体情况与艰难实践。最后分析相比之下具有明显实践优势的自治机构——保定商会的创办与实践，指出保定商会推动保定近代城市商人逐步代替了传统士绅，成为保定近代城市社会与国家互动的主要群体，但最终促成了保定近代在不断变动的政府控制下商人的挣扎实践，以及政商与社会脱节的国家与社会互动困境。

第7章　铁路、官治、自治下的保定近代城市空间重组。本章回归本学科关切的城市空间问题，将以上三个方面的变革落脚于保定近代城市空间重组的分析中，揭示京汉铁路带来的直隶/河北省"农业商品化"增强推动的保定近代城市空间结构离散、文教改革推动的保定近代"学生城"功能体系形成，以及县治强化推动的保定近代城市治理单元析出等保定近代城市空间重组特征。

第8章　两组对比与保定近代城市变革机制分析。本章综合以上对保定近代城市变革的讨论，在直隶/河北省内，将保定与其他三座典型的受国家推动的近代变革城市——天津、石家庄、唐山进行对比，在直隶/河北省外，将保定与位于当今的长三角、珠三角，同样近代少有列强直接影响，并且都体现出一定的国家推动近代城市变革特征的南方城市——南通、中山进行对比，讨论保定近代城市变革的波动性与非系统性，揭示在国家推动近代城市变革过程中"尺度对接"的重要性。

第9章　结论与展望。本章对以上分析进行总结，提出三点结论与启示，指出本研究的创新点以及不足与展望。

第 2 章
理论框架

2.1 现有相关研究综述

2.1.1 中国近代城市史研究综述

1."冲击—回应"等相关理论的出现与批判

19世纪以后，随着西方势力的全球拓展，西方现代化进程的内在规律被作为普世逻辑强烈影响着西方中国学，特别是黑格尔（1963）关于中国历史中存在某种永恒的事物对真正的历史形成了替代的论断，更是促使西方学界把近代以前的中国看作一个停滞不前的国家，而近代以来的发展，起始于西方力量的冲击以及中国对其的回应，促成了"冲击—回应"等中国近代城市史相关理论的形成。这些理论认为，传统中国并没有西方意义上的城市，中国城市仅仅是统治广大乡村地区的微小行政治所或军事营地，商业职能较弱，且由于政治制度与氏族社会的统领，传统中国的城市主要由流动人口组成，居住在城市仅仅是他们的谋生手段与权宜之计，他们的情感仍然与乡村紧密联系，缺乏主观上的政治能动性，没有形成市民自治，阻碍了资本主义发展因素的产生，中国要走上现代化之路需要借助西方力量（M. Weber et al., 1951；1962）。通过西方外交家、传教士，中国留学生与维新派带来了富有活力的、先进的西方力量，对缓慢、停滞发展的中国的变革在近代起到了决定性的推动作用（J. K. Fairbank, 1953）。这一作用优先且强烈地体现在通商口岸城市之中（R. Murphey, 1953；1954）。

到了20世纪60年代末期，随着全球殖民地陆续脱离西方控制，美国卷入10年越南战争以及水门事件，世界近代史研究中的西方现代化路径的"优越感"逐步瓦解，"冲击—回应"等相关理论遭到批判。一些批判指出，近代西方势力对中国的冲击并不都是有利的，而是在不同地域形成了不同的优劣影响，中国与日本近代发展的差异就是佐证（F. Moulde, 1977）。而中国近代受到西方冲击后产生不同的结果，是由于自身的历史和社会背景与其他亚洲国家相比存在着根本不同，而不是由于它们所受到的西方势力冲击的不同（R. Murphey, 1977）。另外，这一时期出现的著名的"施坚雅模式"也批判了韦伯所持的传统中国城市几近一致的城市观，将中国分为8个地区进行研究和对比（G. W. Skinner, 1977）。

2.回归本土的范式转向——"公共领域"等相关理论

对"冲击—回应"等相关论点的批判，推动了国外的中国近代地方城市史研究的范式转型，指出应该用中国的"准绳"来衡量中国近代城市的变革，重视中国近代地方城市的多样性，包括因疆域辽阔而带来的不同地区近代城市变革的显著差异，以及城市中不同阶层社会人群视角下的中国近代地方城市变革的差异（P. Cohen, 1984）。罗威廉（T. Rowe William, 1984）将哈贝马斯（Jürgen Habermas）的"公共领域"理论引入中国近代地方城市史的研究，就是这一范式转型的开创性代表。他批判了之前的大多数中国近代城市史研究过度强调西方力量的论调，以汉口为例，揭示了19世纪中国城市中业已形成的资本主义萌芽以及其带来的市民自治组织，即商业行会，并强调了它们在近代城市变革中所发挥的重要作用。自此，以美国为代表的西方对中国近代城市史的研究出现了"从外到里"（从中国内部自身的发展看中国历史）、"从大到小"（从国家整体趋向于区域、地方史，趋向于具体而微的研究题目）、"从上到下"（倾向于研究中下层民众或所谓的草根社会）的理论范式转变。2000年左右获得国外中国近代城市史学界重要奖项的《霓虹灯外》《成都的街头文化》《卫生的现代性》等著作就是这一转变下的代表性著作（卢汉超，2008）。

国内的中国近代城市史研究始于20世纪80年代，经过十多年的发展，到90年代，随着诸多国外经典理论被引入国内，国内的中国近代地方城市史研究在区域、单体城市两个主要研究层面都深受国外理论影响（任吉东，2007；钟建安等，2007）。在本研究重点关注的单体城市层面，国内学界深受"公共领域"等相关理论影响。在21世纪，国内的中国近代城市史研究也开始从近代沿海、沿江城市与开埠城市、大城市向内陆城市、未开埠城市、中小城市转变，从全面、综合研究向具体空间、社会研究转变，关注市政建设、公共服务、市民组织等的变革给城市空间、社会带来的影响，以及给不同阶层、不同类型市民（尤其是近代社会边缘群体）带来的生活变迁（何一民，2001；涂文学，2009；邱国盛，2004；刘海岩，2006；李沛霖，2014；任云兰，2007；彭海雄，2019；魏文享，2001；樊卫国，2014；高红霞等，2015；熊月之，2013）。

3．内力与外力的综合分析范式

近年来，随着全球化的继续深入，一种尝试将"冲击—回应"等相关理论与"公共领域"等相关理论所代表的两种范式结合，以凸显推动中国近代城市变革的内力和外力的关联、差异与综合的"全球史观"开始出现。虽然还鲜有直接针对中国近代城市史的"全球史观"经典论著，但不乏针对超国家、国家、区域的"全球史观"研究佳作出现，或以比较史研究手法对比中外近代发展异同，或通过研究国际移民等流通性要素揭示中外互动关系：一类研究认为，在1750年之前，中国和欧洲没有太大的不同，市场和劳动分工在中国比在欧洲更加发达，到了近代，欧洲与中国的历史开始"大分流"，导致"大分流"的三项生产要素（土地、劳动和资本）中最重要的是土地要素，"大分流"理论认为，英国和其他欧洲国家如果没有发现新大陆和殖民地及煤矿资源的话，就不会走向工业革命，会像19世纪的中国一样，不得不更多地使用劳动和资本，而最终变成劳动力密集并致力于土地管理的国家（K. Pomeranz，2000）；另一类研究立足于全球视野分析中国近代移民史，揭示近代殖民、移民过程中，中国内部变化与外来影响导致的变化之间的交互关系，指出华人移民与世界局势变化之间强烈的相互关联（P. A. Kuhn，2008）。

国内外建筑学界、城乡规划学界关注多国势力推动的中国近代地方城市建设、规划实践及其背后的管理制度与思想内涵的差异与融合演变。城市建设史不但涉及城市物质空间建设的一整套工程技术的发展史，还关注与城市建设直接相关的社会、经济以及区域演变的特征与基质（董鉴泓，2004；张兵，2013）。经过多年的积累[①]，国内现有中国近代城市建设史研究已基本覆盖了通商口岸城市、近代工矿城市、列强控制的城市、革命根据地城市、国民党控制的城市以及其他内地城市等各种类型的地方城市，探讨不同国家势力在中国近代地方城市建设历程中的影响与交融（董鉴泓，2004；杨秉德，1993；赖德霖等，2016；庄林德等，2002；张复合，1999）。国内的中国近代城市规划史研究，以城市规划的物质空间实践及其背后的技术手段、思想内涵、政府制度等方面的发展演变为主要研究内容，关注多国势力对中国近代城市规划的影响，以揭示城市规划发展的演变规律，总结城市规划与城市近代变革演进中各项影响因素的相互关系，探讨未来城市规划发展的路径。研究认为，不同国家主导/影响下的中国近代城市规划思想、实践的演变，推动了中国特色城市规划理论建设，区别于欧美由工业革命引发工业化、推动城市化进程，最终促成工业城市形成的近代城市发展的主要线索，中国近代城市发展的主要线索体现为接受外国列强的工业产品倾销，推动商业化、城市化进程，最终建立殖民地城市或工商业城市（李百浩等，2000；李百浩等，2008）。近年来，学界对于近代城市建设、规划相关研究的研究对象，除了沿海、沿江或通商开埠城市外，也越发重视一些内陆城市，如太原、兰州、昆明等（严巍，2016；韩雁娟等，2017；李岚，2020），有利于完善学界对于我国城市近代化路径类型的认识。中国近代城市空间形态的变迁也成了国内建筑学、城乡规划学关于中国近代城市史研究的重要方向：分析城市的空间演变历程、形态要素特征、形态要素与其他城市要素（如人口、工业、交通等）的演变互动关系，还有促成这些空间演变的社会、经济、制度、自然等影响因素，寻求对当今城市形态形成的深入揭示，以及对未来城市规划建设的启示（任云英，2005；吴薇，2012；翁春萌，2017；傅舒兰等，2019）。另外，国内学者对全球近现代城市规划历史、思想、理论及实践等的探讨也对推进中国近代城市规划史研究的进一步发展起到了重要的参照、推动作用，对中国近代城市变革研究也具有重要的指导意义（孙施文，2007；张京祥，2005）。国外相关学界也进行了相关的研究，主要关注中国近代城市在殖民时期进行的规划建设以及所带来的城市发展与风貌变化。日本学者分析了长春等东北城市、太原等山西城市在日占时期的规划建设的内容特征与思想内涵（越泽明，1989，2011；德永智，2013）；德国学者分析了被德、日、美侵占的青岛在近代规划建设

---

① 1961年中国城市建设史系统研究开启。

中的半殖民城市发展与多国风貌交融的特征（托尔斯藤·华纳，2011）。

2.1.2 保定近代城市史的研究现状

保定近代城市变革在华北区域转型中的衰落态势。在国外著名的区域城市史研究理论——"施坚雅模式"（G. W. Skinner，1977）的影响下，天津社会科学院历史研究所等通过对比1840年左右与1937年左右两个时间点的华北区域城市系统，指出在近代以前，依靠政府、税收、军事等要素，自上而下地建立了以首都北京为中心的"金字塔"式的华北区域城市系统。各省省会因地区行政中心职能而成为区域次中心。近代已降，受帝国主义资本的刺激，伴随着交通条件的升级，自下而上地形成了以通商口岸城市——天津为中心的华北区域城市系统。行政中心城市逐步让位于经济区位最优、各种新式产业发展条件最优（如毗邻矿区、棉区等）的城市（罗澍伟，1992）。首都北京成为一个特殊且巨大的消费市场，而华北各省省会大多成了区域交通枢纽与转运中心——中级市场，以连接通商口岸城市——中心市场与内陆以城镇为中心的广袤腹地——初级市场（张利民，2004；李珊，2019）。虽然铁路经济大大促动了这一地区的工商业发展，但官僚资本的巨大影响力，以及拱卫京师的政治性、服务京师的消费性的社会观念与生产模式等的鲜明特征，在广大的内陆地区一时间难以转变，因而这一地区近代城市化水平低于全国平均水平，城市近代化也相对缓慢（张慧芝，2013；张慧芝等，2014）。在这样的背景下，受外国势力的威胁与推动，天津作为首都的海路门户逐渐替代了保定的直隶省政治中心职能，进而在各方面转移了保定的传统发展动力，使得保定逐渐退居其后成为直隶省副中心，并且在直隶省的近代化实验过程中，受天津的领导（王志勇，2005；刘志琴，2013；周辰，2020）。加之石家庄这一因铁路枢纽职能而崛起的新兴城市，进一步挤压保定的商贸发展动力。虽然与经济腹地之间的经济联系得到加强，但保定仍在整个华北区域中相对衰落（任吉东，2012；赵金辉，2014）。保定的相对衰落还源自于其城市职能与首都北京"渐行渐远"。保定在古代是北京的军事战略门户，是北京的文化教育辅助城市，保定地区更是北京的农副物资和手工业产品补给地。但到了近代，保定未能坚守服务北京的职能定位，而转向以天津为中心的国际市场体系，从而失去了北京这一优势消费市场（王玲，1988；张慧芝等，2014）。保定城及其经济腹地指向从北京转向天津的过程中，津保内河航道起到了重要作用，围绕这条航道的商业贸易带动了保定城与周边城、镇、乡之间的商贸协同，尤其是民国时期保定城与津保内河航道沿线的安新县、容城县、雄县以及航道腹地的高阳县、安国县等的商贸关联（苗卫芳，2011；陈卫卫，2012）。

随着保定近代城市区域职能的转变与衰落，保定近代城市建设也发生了一定程度的推进。保定近代城市市政变革包含着以直隶总督署为中心的政治功能、以莲池书院为中心的文化功能、以保定军校为中心的军事功能以及它们之间的相互作用（刘志琴，2015），存在着权力、经济、文化三种空间（张静，2016）。保定由区域复合中心城市（1840—1899），向区域水陆贸易中转地与文化中心城市（1899—1924），再向区域军事战略要地（1924—1948）演变的过程中，城市建设经历了"起步—繁荣—衰退"，城市总体经济水平较低，城市空间结构和功能变化较之沿海、沿江口岸城市要缓慢许多，未能突破单一的城市格局（李帅，2016）。保定近代城市建设的变迁受到政治因素、传统因素（长期作为清朝直隶省会而积淀下来的文化底蕴）、京津因素（与北京的政治文化交往，与天津的经济关联）、西方因素（以教会势力为主）等的影响。在这些影响因素当中，政治因素对保定近代城市建设的影响最为深远。保定近代城市建设的变革受政治地位变迁影响极大亦较为缓慢，动荡的政局、频繁的政治地位变化使得其近代建筑发展很不完善，未能形成系统，新类型、新风格的建筑数量少，规模较小，技术水平也相对落后，处于相对衰落阶段（郑红彬，2010）。

以河北大学为代表的研究机构近年来对保定近代社会、经济、制度的相关史料进行了广泛、深入的挖掘，大大丰富了保定近代城市史研究的史料基础，随之形成了一批类型多样的史料考证研究成果，为研究保定近代城市变革提供了丰富的研究线索，如1992年出版的《保定近代教育史略》、2012年出版的《保定房契档案汇编》、2012年后陆续出版的《保定商会档案》、2016年出版的《保定市国家档案馆藏救济院档案》等。随着这些历史档案的出版，保定近代教育（崔铭，2014；马青青，2018）、工商业组织（史佳，2009；葛宝森，2011）、慈善救济（黄忠怀，2006；周龙龙，2019）等方面的史料考证研究成果大量出现。

综上，保定近代城市史的现有研究成果主要从华北区域城市体系变迁的视野出发，分析保定与华北地区其他城市的变革的关联与差异。一些文献提到了保定近代城市变革的动力主要来源于自上而下的行政力量的鲜明特征，但大都过度强调保定近代城市的相对衰落，而对自上而下推动保定近代城市变革的主要特征与动力机制的客观规律分析不尽系统。另外，对保定承担清末地方官治改革国家示范的重要表征——保定近代城市警政的创办与实践的史料挖掘仍相对不足，在本研究中会对其进行特别关注。

2.2 本研究的视角选择与框架参照

2.2.1 本研究视角：纵向国家推动地方城市变革

从中国近代地方城市史的理论演进来看，"冲击—回应""公共领域"等现有相关理论更多地从横向的国外动力与国内动力的互动、差异、融合的视角展开,更多地观察通商口岸城市、传统商贸城镇等近代呈现出剧烈变革特征的地方城市,这些地方城市的近代变革也确能够更加鲜明地呈现中国近代地方城市的变革历程。然而,我国作为疆域辽阔的大陆国家,近代受西方影响相对较小、工商业活力相对较弱的传统内陆城市,远多于通商口岸城市、传统商贸城镇等,而这些相对衰落的城市,仍能够通过自上而下的行政传导获取国家推动力而相对缓慢地进行变革,能够有效反映近代国家治理变迁下的城市社会变革响应,为当今国家治理现代化下的城市发展提供借鉴。因此,在国家推动视角下,本研究将侧重于分析中国近代国家推动与城市变革的互动领域,以及各领域中城市变革的特征、机制等,在弥补这类地方城市近代变革研究的相对匮乏的同时,丰富中国近代地方城市史理论(图2-1)。

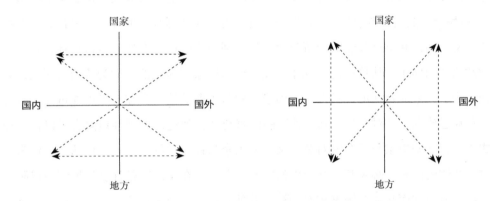

图2-1 现有中国近代地方城市史主要理论(左图)与本研究(右图)的视角差异

2.2.2 已有研究框架参照:多领域、动态演进的国家与社会关系分析

国家与社会关系分析从经典的国家与社会二元对立趋于国家与社会互动的综合复杂性研究范式,形成了重视多领域、动态演进的国家与社会互动分析框架。

在前工业化时代,社会经济发展水平较低,社会与经济结构也都相对简单,在这样的背景下产生的国家与社会关系理论从"一元论"向着"二元论"的简单思想认知结构转变:"一元论"即指国家与社会高度重合的关系,亚里士多德就曾作出"人天生是一种政治性动物"的经典论断,我国古代也曾有"普天之下,莫非王土;率土之滨,莫非王臣"[①]的论述;"二元论"即指国家与社会认知的分离,从中世纪神学家基于庞大的古罗马帝国中的国家与社会分离的阐述[②]与作为独立社会的教会崛起的历史中获得启发,

---

① 见《诗经·小雅·谷风之什·北山》。
② 法与俗的区分,集体与个人的区分。

构建起神圣的国家以及世俗的社会的认知架构。进入工业化时期，随着工业化带来的社会与经济的极速发展，社会与经济结构的复杂性也大大提高，简单的国家与社会关系认知结构已无法支撑当时的实践，从而出现了多种国家与社会关系理论，以下三种是其中的经典：为支撑资本主义的发展实践，洛克等启蒙思想家建立了"社会中心论"，提出在自然状态下，人们虽然应该享有各种权利，但在享有权利的过程中所处的境地并不良好，他们不久就会被迫加入社会，甚至放弃他们各自单独行使的惩罚他人的权力，交由从他们中间被选举、认定的特定人群来行使这些权力。启蒙思想家基于自然法，以社会契约为视角建构国家与社会的关系，形成了近代意义上的"市民社会"概念，认为国家是社会中的人们自愿缔结契约而形成的实体，社会先于国家，并且高于国家，从而国家受制于社会。黑格尔等建立了"国家中心论"，认为市民社会是无法避免的，如果要保障"市民性"的持续，就不得不建立一个国家，核心论点认为在普遍意义上的国家中，"市民社会具有特殊性"，只有国家才有能力，并且可有效地救济市民社会中存在的非正义缺陷，并将这些缺陷中所包含的特殊利益统一进一个代表着市民社会普遍利益的政治共同体中。从价值论的视角出发，认为国家即为目的、即为价值的所在，而社会是为了国家而存在的，只有符合国家目的与预期的社会存在与发展才可能具有意义。马克思建立了"对立性—同一性"的国家与社会理论，批判性地融合了以往的理论成果，既强调国家与社会的对抗，又强调国家与社会的统一。一方面认为，作为一个政治实体的国家，必须基于社会中的家庭与人而存在，国家是社会发展到一定阶段的产物。另一方面又强调国家相对于社会的独立性，国家一旦产生，就会以外在于社会的形式，凌驾在社会之上（庞金友，2006；石德生等，2009；王建生，2010；侯利文，2018）。

到了当代，社会与经济进一步发展，社会与经济结构更加复杂，政府失灵、市场失灵等问题使得这两者之间的关系愈发模糊。在这样的背景下，对国家与社会关系的分析走向了综合复杂性研究范式。乔尔·S. 米格代尔（Joel S. Migdal）、彼得·埃文斯（Peter Evans）等的研究成果是其中的代表，他们认为国家与社会关系不能以简单的二分法（对立或同一）来看待，国家的不同投入构成或不同层级构成会与社会的不同构成[①]形成多种领域的互动，并且这一互动会随着时间动态演进（图2-2）。

乔尔·S. 米格代尔的"社会中的国家"（State in Society）理论。乔尔·S. 米格代尔（2001）认为，国家在国家与社会的互动中，仅存在相对的自主性，并给社会留下了一定的权力空间，国家出于社会控制目标而进行某些实践时，相应的社会组织可能

---

① 中微观地方社会的主要构成可分为生活生产方式、惯例与习俗以及物质空间等的集成（李友梅等，2011；肖瑛，2014）。

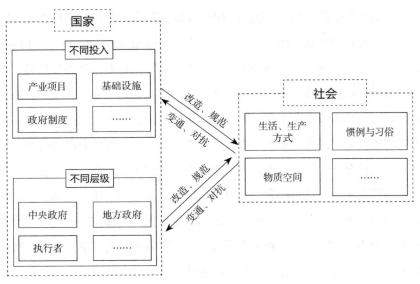

图 2-2　重视多领域、动态演进的国家与社会互动分析框架

会不愿意让出自身的权力，而以各种形式（甚至联合国家的某些部分）与国家对抗。为此，乔尔·S. 米格代尔避开了国家与社会的二分模型，从国家与社会之间各种组织混合的视角来认知国家与社会的关系，包括国家在内的各种组织共同为个人制定规则，创造新的生活方式，在这一过程中，国家与社会难免会产生关于社会控制的激烈斗争。另外，乔尔·S. 米格代尔认为在国家内部的各部分之间也存在发生斗争的可能。可见，国家内部也应被看作由多个部分构成。乔尔·S. 米格代尔（1988）指出，在"社会中的国家"理论中，需要对国家的内部构成进行分层，从上到下包括最高决策中心、中央政府、地方政府、执行者四个层级，每个层级又包含许多不同的部分，如中央政府包含国家政策、资源安排等，地方政府包括政府职能部门、地方法院、警察机构等，执行者包括警察、教师、收税员等。不同政府层级构成会供给不同的政府制度，而在面对多样的社会构成时就会产生不同的国家与社会互动领域。对此，乔尔·S. 米格代尔（2001）将这些可能的结果分为四类，即：①完全转型，即国家的渗透使对应的社会组织完全顺从或者消亡；②国家吸纳（incorporation）现存社会力量，即国家基于现存的社会力量制定一份新的规则、创建一个新的组织、投入一些新的资源等，来建立新的社会控制；③现存社会力量吸纳国家，即国家投入的新的刺激没有使社会控制模式发生新的改变，而是被现存的社会所消化，或者在现存社会中被非国家力量利用以使其占据主导地位；④国家向社会渗透的彻底失败，即国家向社会投入的新的刺激没有得到社会的支持或响应。国家与社会在这样复杂的拉扯中动态变迁。

彼得·埃文斯的"国家与社会共治"（State-Society Synergy）理论。彼得·埃文斯

（1995）同样批评了国家与社会二分法的理论认知，提出国家在保持自主性的同时，与社会建立适度、良性的连接，即"嵌入式自主"（Embedded Autonomy），才能够促进经济转型成功。如彼得·埃文斯（1995）对比韩国与印度、巴西的高科技信息产业发展后指出，之所以韩国的高科技信息产业能在20世纪80年代远远领先于印度、巴西，强大且统一的政府部门与私人资本在工业发展中的密切联系起到了至关重要的作用，相反，印度与巴西等国家要么"嵌入"匮乏、要么自主性太弱，就只得依靠严格的制度或者国有企业的强势、直接介入。其后，彼得·埃文斯等（1997）将"嵌入式自主"从国家工业转型进一步应用到更为广泛的社会转型中，通过对诸如巴西东北部城郊用水设施和卫生服务供给等众多国家与社会共治案例进行研究，得出国家内部构成不仅表现为不同政府层级，还表现为不同国家投入，如基建设施、公共服务等。通过案例分析，彼得·埃文斯等（1997）将国家与社会的合作关系归纳为两种不同的互动领域：一种是"互补性"（complementarity），国家为社会提供无形的公共物品（制度、技术等）或者有形的公共物品（基础设施、公共设施等），以强化国家与社会的互补性合作关系；第二种是"嵌入性"（embeddedness），即政府官员进入社会，并积极塑造自身作为社会成员的身份，以获取社会成员的认同与信任。彼得·埃文斯（1997）指出，"嵌入性"模式需要以国家与社会之间在公共物品供给中的合理分工，即"互补性"模式为前提，而"互补性"模式则需要通过"嵌入性"模式建立国家与社会之间坚实的信任来保障，使国家得以更为顺利地推动社会转型。

2.3 中国近代变革的整体观察

2.3.1 治国目标转型下国家推动的近代变革

古有"国治而后天下平""治国之道，富民为先"。虽然外来入侵，尤其是北方游牧民族的袭扰在我国古代历史中长期存在，边防亦是治国之要件，但"保境"亦为"安民"。在小农经济长期主导的背景下，自秦以来形成了以君主专制为统领，儒家之"仁政"、法家之"法治"、道家之"无为"三种治国方略兼容并包，以"平天下"，即安抚黎民百姓为目标的"治国之道"（晋圣斌，1995）。近代以前，清政府志在通过稳定的土地税、投资水利设施以及支援西北边防的跨省协饷来维持稳定的土地秩序。进入19世纪，列强入侵带来的巨大威胁使晚清帝国的领导层开始形成"治国之道"的新目标——维护"主权"（sovereignty）（S. R. Halsey，2015）。这一国家"主权"概念除了重视强化边境军事国防之外，还关切"经济主权"（又称"利权"）。如在1872年，李鸿章创办轮船招商局之初，就提出应立足于国家之权力以及漕运之需求，统筹轮船业之发展,而与外国公司争夺航运业之"利权";又如试图以铁路总公司之名义商借洋款自建铁路而希望不让洋人直接参与建设,限制外资只能涉足电报海线以减少陆线建设对外资的依赖等(S. R. Halsey,2015;叶士东,2005)。在这样的维护"主权"的目标下,先后开展了助力强军、富国,引进西方先进技术革新生产力的洋务运动,以及为建立能够举全国之力的地方政治制度而开展的清末新政与国家立宪运动(图2-3)。

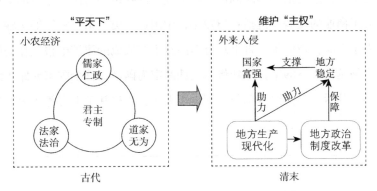

图 2-3　中国古代与清末治国体系的对比

值得注意的是,虽然这些清末变革运动在由地方大员领导推进的过程中,李鸿章、袁世凯等地方大员的权力越来越趋于从地方大员向"全国性官员"扩大,表现出一定的"地方主义"色彩(罗尔纲,2012;R. Powell,1955;波多野善大,1973),但他们在地方进行实践的目标仍是拯救清廷的统治,创立一个与外国并驾齐驱的、强大的中央集权国家,尤其是在支持国家新军建立的军工企业创办、纵贯全国的交通与通信设施建设以及同期在中央政府设有对应统辖职能部门的地方政府新型职能部门的创办等方面,他们仍然鲜明地代表着国家在地方进行实践,期望通过这些实践来维护国家的统治。例如李鸿章推进洋务运动时期,所辖地区基层控制的国家干预明显增强,又如袁世凯推进清末新政的顺利,得益于他对慈禧太后、军机大臣荣禄和后来的庆亲王奕劻等的"坚定拥护",北洋军的财政保障与人事任命大部分都来源于中央的支持与控制(刘广京等,1995;S. R. Mackinnon,1980)。

1. 围绕沿海、沿江城市的国家基建现代化

近代以前,清廷将国家分为自给自足、税收不足与税收盈余三类税区(J. W. R. Scott,1900),除了直接上缴中央的京饷外,还通过协饷制度,将较为富足地区的税收转移至缺乏税收且承担维稳、国防重任的西部地区(Dai Yingcong,2009)。进入近代,迫于列强入侵的威胁,在19世纪70年代左宗棠平定新疆,中国近代国家财政最后一次大规模投入到西部偏远地区以稳固边陲国防之后(此时中国国家财政已趋于从以直接农业

税——田赋等为主，调整为以间接商业税——海关税等为主的结构①，图2-4），国家将有限的财政收入投入到东部沿海的富强运动当中（K. Pomeranz，1993；S. R. Halsey，2015）。在国家财政投入转移的支持下，洋务运动在重要的沿海、沿江城市创办了军用或民用工业，如上海江南制造总局、安庆军械所、汉阳铁厂、开平矿务局等。19世纪80年代，李鸿章指出，"地球诸国通行无阻"的"数千年来未有之变局"已不容阻挡，洋务运动以这些重要的沿海、沿江城市为中心，推动现代国家交通与通信基建建设，除了支持沿海国防信息快速交换与军队调运，更促成了国际市场与国内市场的对接，带动了中国近代地方工商业的发展，包括：1872年，中国近代史上第一家轮船运输企业——轮船招商局创办于上海；1881年，直隶总督李鸿章主持架成的津沪电报线作为国家电报线网的主轴向全国延伸；1889年，清廷将修建铁路定为国策，首个国家铁路干线——京汉铁路项目上马，其后，中国铁路总公司创设于天津，后移驻于上海等（表2-1）。

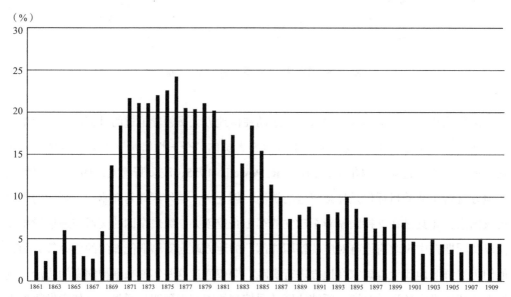

图2-4　晚清海关税对西部边陲地区的协饷支出比例变化
资料来源：S.R.Halsey，2015

---

① 在咸同时期，太平天国、捻军等农民运动严重破坏了清廷赖以立国的东南富庶地区税源，加之外来列强的威胁日益增强，清廷为恢复农业并推动洋务，一方面鼓励地方以厘金制度就地筹款，另一方面推动海关关税系统的建立（倪玉平，2016）。农业税逐步恢复的同时，厘金与海关税收上涨速度更快并逐步占绝对优势：清廷各项农业税从1885年的3071万两增加到了1911年的4967万两；而同期厘金则翻了三倍，上涨达到4300万两；海关关税则从1861年的490万两上涨到1887年的2050万两，再到1911年的3500万两还多；到清朝尾声，清廷税收已有69%来自商业税，而农业税从1849年占清廷税收的77%下降到1911年只有16%的比例；到了民国初期，这一特征还在延续，农业税收继续增长，但所占比例到1913年下降至14.79%。由于厘金主要受地方把持，海关税则逐渐收归中央控制，因此中国近代国家对地方的财政投入主要来自于海关税。

洋务运动时期现代国家基建事业大事记　　　　表 2-1

年代/年份	大事件
1872	直隶总督李鸿章于上海创办轮船招商局，商办为主
1876	总税务司赫德建议，直隶总督李鸿章支持下，在京师与通商口岸试办邮政
1877	轮船招商局购买了美国旗昌轮船公司
	中国在台湾自行架设、管理电报线
1879	直隶总督李鸿章主持架成津沽电报线
1880	直隶总督李鸿章在天津创设中国电报总局与电报学堂
1881	直隶总督李鸿章主持建成唐胥铁路
	直隶总督李鸿章主持架成津沪电报线，作为国家电报线网的主轴
1882	为抵制英国敷设省港间海线，建成穗港电报线
1884	为抵制万国电报公司敷设沪港海线，建成沪粤线，中国电报总局转驻上海
	直隶总督李鸿章主持架成津京电报线架设，助力中法战争与外交
	左宗棠主持延长建设上海至汉口的电报线路，以抵制列强在长江埋设水下电报线路
	连通广、梧、龙三州的电报线建成，助力中法战争
1885—1894	中法战争后，电报线在全国推广，全国性的电报干线网络初步形成
1888—1889	津通铁路大讨论
1889	清廷将修建铁路定为国策，京汉铁路项目上马
1890	经总理衙门批准邮局在各通商口岸推广
1891	纵贯台湾的台湾铁路建成
1896	中国铁路总公司创立，盛宣怀任督办
	清廷谕令正式开办大清邮政，仍归总税务司赫德管理
1898	清政府颁布《内港行轮章程》，将小轮行驶由通商省份扩至所有内河内港
	创立矿务铁路总局，管理矿务铁路

另外，以上支持强军、富国的地方生产现代化过程中，与外资争夺"利权"逐渐超越边境军事国防成为维护"主权"的治国实践中的首要关切（郑观应更是在《盛世危言》中提出了"商战甚于兵战"的著名观点）。但国家财政亏空日益严重，迫切需要依靠民间商人资本，通过"商办"或"官督商办"来推动国家工商企业、国家基建等的投建。加之早已在咸同年间冗滥的"捐纳制度"及"重商主义"的思维观念在社会中逐渐兴起，这为之后商人群体在国家推动的地方政治制度改革中崛起奠定了基础。

2. 为强化基层管控的地方官治制度扩张

在19世纪中后期历史学界公认的"清末灾害群发期"（夏明方，1998）的背景下，清末通商口岸带来的洋货倾销以及战败赔款的不断积累，严重打击了我国传统经济的发展与社会稳定。为镇压太平天国、捻军等农民运动，清廷中央政府不但减弱了对地方政府财权的控制，更重要的是地方政府的人事任用权也极大程度地落入了地方督抚手中，地方督抚得以大力创建独立于府县衙之外、直属于自己的职能机构，进而协助督抚提升国家在地方的影响力。这些职能机构纷繁复杂，据1884年报备户部的机构就包含了军需、洋务、地方事务、盐务、厘金等众多职能类型（朱寿朋，1958）。这些地方职能机构虽然在洋务运动时期未能成为国家政府体系中的正式构成，但为甲午战败以后国家层面逐步推动的地方政府扩张改革奠定了一定的基础。

甲午战败不但标志着洋务运动的失败，其后签署的《马关条约》还进一步加大了赔款额度，其中新添加的设厂规定，更是刺激了外国资本向我国内部渗透的深度与速度，战后短短几年设厂930余家，分布在各行业，进一步挤压了国内经济发展的空间，并破坏了社会稳定。这一系列全国性的事变促动了晚清政府对单纯推进地方生产力现代化的不足的思考，认为需要推进更深层次的制度改革，以能够举全国之力推动国家富强。持续不久的"戊戌变法"就是这一国家行动转型的先导。1899—1900年，义和团运动爆发和八国联军大举入侵京师，清廷的统治根基受到前所未有的动摇。为此，国内外势力开始不断向清廷施压，希望清廷能从根本上进行改革以保持对基层社会的有效控制，清廷统治集团内部也开始倾向于回归内陆且深入到制度层面的"新政"，出现"中国之制度……奉行日久，不能无弊"等言论。1902年，围绕国家政治制度改革的清末新政正式启动，有选择性地借鉴西方制度，以直隶省等的城市政府警政、文教、经济制度改革为国家示范，开始推进地方政府的扩张性改革，替代业已崩坏的绅治、保甲等传统地方治理体系，以重塑社会秩序，进而建立能够举全国之力支持国家转型的地方政治制度（S. R. Halsey，2015）。1907年，清廷正式颁布了《各省官制通则》，提出将一众地方政府新型职能部门统一整合进传统各级官署体制中（表2-2）。虽然由于清政府的迅速衰亡，这一地方官治体制整合未能得到实现，但仍明确了我国传统基层官员——知县从直接面对社会民众（"治事之官"）的态势开始向对接职能官僚而间接面对社会民众（"治官之官"）转型（王奇生，1999）。

清末国家拟推行的各级地方政府改革主体架构　　表2-2

主要级别	主要行政部门设置	独立司法部门
省	• 除东三省外，各省总督或巡抚署均须下设"三司两道"（掌管民政的布政司、掌管文教的提学司、掌管司法的提法司，以及掌管实业的劝业道、掌管警政的巡警道）； • 视各省情况还应设盐运司、盐法道（或盐茶道）、督粮道（或粮储道）、关道、河道等	高等审判厅

续表

主要级别	主要行政部门设置	独立司法部门
府	• 承担上传下达之职能，即向县一级传达省一级布政司、提学司、劝业道、巡警道等的命令，监督指挥所属州县各官执行相关行政命令； • 未要求对应省"三司两道"设置职能部门	地方审判厅
县（州、厅）	• 要求必须设置独立的警务长与视学员分别领导各县（州、厅）警局与劝学所；其他还可根据需要设置掌管实业的劝业员、掌管牢狱的典狱、掌管税收的主计员等； • 各县可根据情况在县以下再划分行政区，设置长官管理巡警事务	初级审判厅

资料来源：1907年《各省官制通则》

3. 辅助官治扩张的地方自治制度劝办

1900年代中叶，国家"立宪"呼声愈发热烈的同时，地方官治制度改革推进中的晚清政府的财政实力与治理能力不足开始愈发凸显，国家希望重新建立一个能够有效动员地方社会、辅助官治扩张改革的基层社会自治体系。美国著名中国近代史学家孔飞力（Philip Alden Kuhn，2003）分析中国近代国家推进的地方政治改革时指出，近代是"中国现代国家的起源"，可谓之当今"国家治理现代化"的起源——国家治理近代化。孔飞力（Philip Alden Kuhn，2003）认为，中国国家治理近代化包含三个"根本性议程"①（constitutional agenda），其中就强调了洋务运动后国家推动变革中的官治扩张与稍晚启动的自治辅助的联动关系。1909年，清政府颁布了《城镇乡地方自治章程》，以推动城市自治的探索，直隶省以天津为起点再一次成为地方自治探索的国家示范（王旭，2018）。与此同时，1904年，清政府颁布《奏定商会简明章程》等，推动在各城市成立带有自治属性的商会，也成为城市官治制度改革的辅助，直隶省的天津再次成为这一国家制度投入的示范，建立了天津商务总会。在"重商主义"的社会氛围下，国家倡导的地方商会创办得到了各地商人的积极响应：1908年，全国已有总商会58个，联络分会223个，到清朝灭亡之时，各地商会总数量已达到近800个。

4. 国家推动变革效用的民国延续

清末国家推动的交通与通信基建建设，地方官治制度扩张以及地方自治制度劝办等三个领域的变革效用都在民国时期得到了延续。

启动于洋务运动时期的现代国家交通与通信基建，在民国时期逐步形成网络，深刻地改变了地方区域城市体系。现代国家交通与通信基建服务于国家现代工商业建设，主要围绕通商口岸、重要工矿城市等进行规划选址（王姣娥，2018）。与服务于国家军事

---

① 国家强化下的政治参与扩张；政治与公益的关联与调和；中央财政与地方需求的调和。

与农产调运的驿道、运河等传统国家交通与通信基建设施以行政中心城市为主要节点的规划布局不同，现代国家交通与通信基建或替代传统国家交通与通信设施，或以传统国家交通与通信设施为辅助，加速推动中国区域城市体系结构的改变：将以各级行政首府为中心，以行政级别为分级首要建立的传统"金字塔"式的区域城市体系，重构为以通商口岸城市、新型交通枢纽城市等为中心，以工商业能级为分级首要标准建立的商贸流动性更强、更加扁平的近代区域城市体系。在这样的城市体系转型过程中，各级各类传统城市的区域职能随之发生各种转型。各个城市的行政职能逐步让位于经济职能的过程中，城市的空间格局也随之发生显著变化。

清末新政推动的各项地方政治制度改革在民国时期得到了承继与完善。根据《县组织法》，清末《各省官制通则》中提出的将一众地方政府新型职能部门统一规制进各级官署中的地方官治体制整合在民国时期得以落实并发展。清末成立警局等新型政府职能部门，在民国时期正式成为地方官僚制度的重要组成部分，逐步整合形成城市"四局"，即县政府下辖财政局、教育局、公安局、实业局/建设局（魏光奇，2004）。与此同时，城市自治机构与地方官僚体制的关系也得以明确，《县组织法》规定，在县以下再划分两级行政区，并设立县政府以下的自治机构——区公所与村、里公所，要求按照各县的户口规模以及地理界线，分级划分若干区、村、里等，其中每个区至少下辖20个村或里，100户以下的聚落设为村，100户以上的聚落设为里，村、里之下每25户再设闾，并且各区、村、里在政府规章的限制下指定各自的自治公约①。1929年，《县组织法》再经修订，区以下改设10~50乡或镇，100户以上的村庄设为乡，100户以上的街市设为镇，不满100户的村、街市与邻近的村、街市合设，有特殊地理边界限制的单独设立。相应地，县政府以下设立的两级自治机构改为区公所与乡、镇公所。另外，此时的商会已成为一个相对独立的地方自治团体，继续在地方城市发展中进行着活跃的实践。

2.3.2 中国近代变革三大关键国家推动领域的渐进关系

通过以上对清末治国目标转型下的国家行动与民国延续的梳理发现：为适应治国目标从"平天下"向维护"主权"转型，清廷将国家财政投入转向沿海、沿江城市，引入西方技术创办现代化的工业企业，并围绕这些城市推进国家现代化的交通与信息基础设施网络建设，带动整个中国近代地方生产力的现代化以强军、富国；然而，进入20世纪，甲午战败、庚子国变等让清廷认识到仅靠技术的革新是不够的，还需要在更深的层次改革腐朽、破败的地方政治制度，以稳定地方，重建社会秩序，支撑举全国之力推动

---

① 出自《县组织法》。

国家复兴，进而选择性地借鉴西方制度，推进地方官治制度扩张，替代近乎失效的传统基层治理；在改革的过程中，由于立宪呼声的日益高涨，加之政府无力独立支撑地方官治扩张改革，地方自治于清朝灭亡前夕开启，以辅助地方官治扩张改革。而清末国家推动的交通与通信基建建设，地方官治制度扩张以及地方自治制度劝办等三个领域的变革都在民国时期得到了延续，或推进国家现代交通与通信设施的网络化，或改造、完善政治制度等。可见，中国近代变革中的国家推动主要从三个关键领域渐进推进，即以围绕沿海、沿江城市的国家基建现代化为起点，深入到为强化基层管控的地方官治制度扩张，并辅以地方自治制度劝办，体现出了明显的从物质基础到上层建筑的历时性特征（图2-5）。

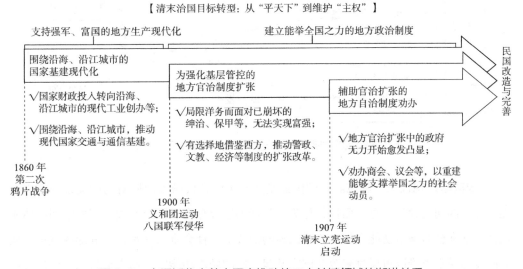

图2-5 中国近代变革中国家推动的三大关键领域的渐进关系

2.4 国家推动的中国近代地方城市变革研究理论框架构建

2.4.1 构建"基建、官治、自治"多领域理论框架

围绕沿海、沿江城市的国家基建现代化，为强化基层管控的地方官治制度扩张，辅助官治扩张的地方自治制度劝办这三个领域的国家投入对地方城市的近代变革均产生了不可忽视的影响。地方城市社会面对这些不同领域的国家渐进投入时，或变通适应，或抵抗导致国家对该投入进行强化、改良、放弃等，从而推动近代城市生产生活方式、物质空间、惯例与习俗等产生变革。本研究按照国家集中投入基建、制度的启动时间先后顺序，建构"国家基建现代化""地方官治制度扩张""地方自治制度劝办"多领域的国家推动中国近代地方城市变革研究理论框架（图2-6）。下面对三个领域的国家与社会

互动理论逻辑关系，以及各领域国家与社会互动过程中与其他领域的理论逻辑关系进行推演。

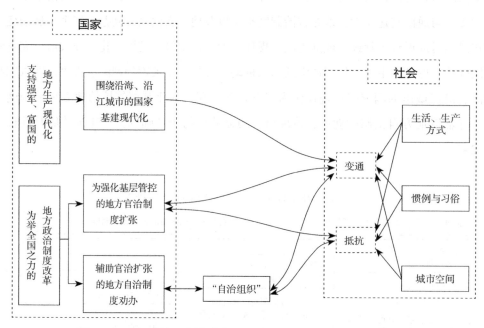

图2-6 多领域的国家推动中国近代地方城市变革研究理论框架

"**国家基建现代化**"领域。新的国家基建既可能替代城市内原有的同类设施，也可能与原有的同类设施并存，而仅仅作为一种新的选择存在。国家基建的规模空间实体属性使其通常会对城市功能空间产生难以逆转的改造，社会则通常难以对其形成抵抗，社会的变通通常也难以再反过来改变国家基建。新的城市功能空间通常会带动其他社会构成要素的变通：或产生新的生活生产方式、惯例、习俗等；或对传统的生活生产方式、惯例、习俗等进行改造。值得注意的是，新的国家基建完成后，仍有可能受到某种力量的推动，而对这一新的国家基建的使用方式产生异化作用，如我国第一条铁路——唐胥铁路建成后，因对火车强大动力的畏惧，而出现了骡马替代机车拉火车在铁轨上行驶的景象。但究其根本，这一异化作用也主要来自国家统治阶级与官僚的推动，社会在其中起到的作用并不显著。另外，新的国家基建引发社会变通而创造的新的物质空间、新的生活生产方式或新的惯例与习俗等，同样有可能进一步推动各类官治制度与自治制度的改良，从而进入到"地方官治制度扩张""地方自治制度劝办"的国家与社会互动领域中进行循环。

"**地方官治制度扩张**"领域。出于整治某种社会问题或者受迫于某种强大的社会呼吁，国家创立新的官治制度。这些官治制度既可能引发社会变通，也可能引发社会的抵抗。第一种情况，新的官治制度引发社会的变通，出现新的生活生产方式、新的惯例和习俗或者新的物质空间，这些新的社会构成要素又将反馈至相应级别的政府，根据这一反馈的正负与强弱属性，可能引发相应级别的政府对相关官治制度（可能不是同一官治制度）在国家允许的范围内进行调整、强化，从而再一次影响社会作出变通或抵抗的选择。第二种情况，新的官治制度引发社会的抵抗，国家可能予以强力镇压而使社会被迫变通，国家也可能妥协而对这一官治制度进行改良直至社会接受而变通，也可能直接取缔或放弃该制度。在第二种情况中，如果社会最终变通，国家与社会将回到前述第一种情况继续互动，而如果社会的抵抗表现为相对缓和的不予响应，特别是在地方政府也不具备高度积极性的情况下，这一官治制度也可能面临颁布而不行使、行使而不积极行动的"不了了之"的窘境。另外，新的官治制度引发社会变通而创造的新的物质空间、新的生活生产方式或新的惯例与习俗等，同样也可能反馈至"地方自治制度劝办"的国家与社会互动领域中进行循环。

"地方自治制度劝办"领域。受迫于某种强大的社会呼吁或者为弥补官治制度的不足，国家创立新的自治制度。与官治制度不同的是，这些自治制度首先会劝导创办或主导创办城市议会、区公所、商会等"自治组织"，并以这些"自治组织"作为中介，来对社会施加影响。同样，既可能引发社会变通，也可能引发社会的抵抗。第一种情况，新的自治制度构建新的"自治组织"引发社会的变通，出现新的生活生产方式、惯例与习俗、城市空间等社会构成要素，向相应级别的政府施以正负与强弱属性的效用，也引发对相关自治制度（可能不是同一自治制度）在国家允许的范围内进行调整、强化，从而通过相应的"自治组织"再一次影响社会选择变通或抵抗。第二种情况，新的自治制度构建新的"自治组织"引发社会的抵抗，国家也可能予以镇压。如果社会最终变通，国家与社会也将回到前述第一种情况继续互动，而如果出现社会不予响应等情况，这一自治制度同样也可能面临"不了了之"的窘境。另外，新的自治制度构建新的"自治组织"引发社会变通而创造的新的社会构成要素，同样也可能反馈至"地方官治制度扩张"的国家与社会互动领域中进行循环。

2.4.2　多领域理论框架的多区域层次融入

遵循"区域性"与"综合性"的中国城市史研究方法（吴良镛，2006），本研究认为在国家推动的中国近代地方城市变革研究中，隐含着贯穿宏观国家至中微观社会的多区域层次含义。国家投入从宏观国家出发，最后到推动单个地方城市的近代变革，其间难以避免地会对这座城市所在的区域以及邻近腹地、乡村等多个区域层次产生影响，而这些区域层次又与这座城市的近代变革在政治、经济、社会、自然等多个方面紧密相关。因此，在构建国家推动的中国近代地方城市变革研究理论框架时，尤为需要融入"区域—城市""城市—腹地""城市—乡村"等多个区域层次开展综合研究（图2-7）。

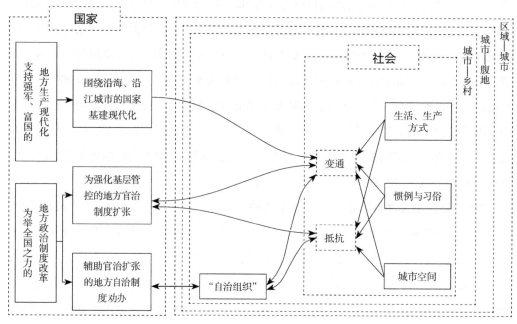

图 2-7　多领域理论框架的多区域层次融入

"区域—城市"层次。这一层次既是国家进入地方的前沿，也是表征对象城市近代变革的宏观层次：一方面，可观察各种国家投入下对象城市近代变革的政治、经济、社会、自然等区域背景，揭示"国家基建现代化""地方官治制度扩张""地方自治制度劝办"等各个领域中对象城市近代变革的宏观环境；另一方面，可选取同处于这一层次区域范围内的可比城市进行对比，进一步揭示对象城市近代变革的特征机制。

"城市—腹地"层次。城市腹地是毗邻城市并与该城市在经济、文化等方面紧密相关的地区[①]，是除城市本体以外体现该城市特征的重要区域层次。早在1993年，美国著名中国史学家——彭慕兰就关注到了对中国近代变革中的城市及重要交通线腹地进行研究的必要性，形成了著名的华北近代史研究著作——《腹地的构建》（K. Pomeranz, 1993）。根据国家推动的中国近代地方城市变革研究对城市的关切重点，本理论框架在"城市—腹地"层次重点分析在国家投入的影响下，对象城市与其腹地城镇紧密相关的

---

① 大辞海在线"世界地理卷"（http://www.dacihai.com.cn/search_index.html?_st=1&keyword=%E5%9F%8E%E5%B8%82%E8%85%B9%E5%9C%B0）

经济联系的变迁，揭示对象城市近代变革的经济基质环境，进而更加明晰对象城市近代变革的特征。

"城市—乡村"层次。城乡关系是当代城市研究的重要议题，在这一层次的国家推动的中国近代地方城市变革研究中，可分析各类国家投入带来的城乡关系变化，并从这一个层面揭示中国古代传统的城乡一体格局如何经过近代变革而形成现代的城乡分异雏形等问题。

第 3 章
保定近代城市变革的基础与概览

3.1 保定近代城市变革的基础

3.1.1 古代保定的基本区位条件

以直隶总督署所在地为基准，保定地处东经115.50°、北纬38.86°的冀中地区，西邻太行山东麓，东望今雄安新区所在白洋淀，与京城（以今天安门为基准）的直线距离约为140km，与天津（以天津鼓楼为基准）的直线距离约为149km。今保定市位于首都北京、直辖市天津、河北省会石家庄的三角腹地，东接廊坊市、沧州市，西邻山西省忻州市，南接衡水市、石家庄市，北连北京市、张家口市，东邻雄安新区。

在古代，保定地处物产丰富的冀中地区核心地带，其中：中部多产出谷物、桑棉和菜蔬；西部山区多产出果品、林木和禽兽；东部主要为淀泊地区，多产出鱼虾、水禽、芦苇（王玲，1988）。元定都大都以后，首都以北、以西为山区，物资匮乏，东北临海地区开发较晚，仅有玉田、蓟县地区有较丰富的农产品，但需要同时供给首都以及其后发展起来的天津府城。因此，保定地区就成了首都农副业与手工业产品的重要供给地。尤其是一些不便长途运输的物资（如蛋类、蔬菜、猪肉、河鱼、干鲜果品、油类、家禽等），该地区对首都的补给就显得尤为重要。

在古代，保定地区也有繁盛的农副业与手工业，这得益于该地区四通八达的交通运输。但在清朝中期以前，由于保定城主要作为军镇，这些物资大都直接运往京师，不经由保定城。到了清朝中期以后，保定城确立为直隶省城，不仅成为一座官僚聚集的消费城市，也起到了一定的冀中商贸作用。保定地区不仅有两条自首都"南通九省"的京南大道南北穿越其中，在东西方向也有数条商贸交通线路联系海陆。向西通过长城"内三关"之二（紫荆关、倒马关）与"太行八陉"之二（飞狐陉、井陉），分北、中、南三路，将保定府与山西太原府、大同府、浑源县等我国西北重要城、镇联系在一起，也是华北平原与西北内陆连通的重要交通线路（王玲，1988）。向东通过津保府河航道与沿线支流，将保定地区与京杭大运河、渤海湾联系在一起。

3.1.2 保定作为古代百年直隶省城的逐步成型

1. 古代区域格局：从宋辽边境军城到百年直隶省城

是时，保定地区地处宋辽对峙的宋边防一线，宋利用此地当时雨涝频繁、河流纵横的自然环境，开挖"塘泊防线"，东至雄州，西至顺安军，其间各淀，约合东西长37.1km，南北宽15.9km，深1.9~3.2m，以抵御北方凶悍的骑兵。配合这一水长城，宋还在其间有限的陆地通道上建立起众多军城，保定的城市雏形——

建于宋太祖建隆元年（公元960年）的"保塞军"就是其中之一，寓保卫边塞之意。淳化三年（公元992年），李继宣治保州，移至今城，筑城关，浚外壕，疏浚一亩泉河，造船百余艘用以运送粮物，保州始现都市规模。保州城成为"塘泊防线"间两条主要南北通道上的军城，统御广信军城、安肃军城（位于今保定市徐水区老城）、顺安军城（位于今保定市高阳县老城）等军城。

进入元代，今北京立为首都，称为大都，开始承担首都职能，大都周围的腹里地区成为直接受中央管辖的"中书省"，其中的保州也随之成为首都南大门，1275年，改设保定路，这是"保定"的名称之由来，寓保护首都以平定四海之意。1227年，元东西路都元帅张柔移驻保州，在元金战争摧毁的保州城，令副帅贾辅及毛正卿、苑德负责在废墟上重建城池、画市井、建衙署、定民居，修复并新建庙宇、道观、神祠多处，疏浚一亩、鸡距二泉，以通舟楫，确立了今保定古城的基本格局。进入明清，中书省改为（北）直隶、直隶省，设保定府，1669年保定置直隶巡抚，开启了保定的直隶省会时代，1724年设直隶总督署，保定最终确立了"联络表里，翊卫京师"①"北控三关，南通九省"②的直隶省中心区域形势。

2. 古代空间形制："朝宗拱极"与"楼阁定心"

自元代保定建城（1227年）以来，保护首都以平定四海之寓意就成了保定城市发展之首要。在城市营建上，主要体现在城址择向、核心功能两方面：中国古代城市以正南北向为准，而保定城的建设却在此基础上向东偏转了约15°，除了顺应地势、水流，更是为体现面都的象征意义。保定城的主要六门（四城门与两水门）的取名历经元明清三朝，惟一没有改变的即为朝向首都的北城门与北水门，名曰"拱极""朝宗"，而紧靠北门的北大街亦是保定城内的权贵之地，有入拱极门（郡北门），沿街东西两侧"多棹楔世家率族"③之说；保定城市空间几何中心在元明清三朝置保定路衙署、大宁都指挥使司、直隶总督署，三者的主要职责包括指挥首都周围的国防、稳定首都周围的民生等。1733年，雍正谕令亲信，时任直隶总督李卫在直隶总督署以南，围绕保定城的水系中心——莲池，建设"莲池书院"，又称"直隶书院"，有"中国北方书院之首"之称。围绕官学畿辅核心，保定城中齐备府、道、县各级各类衙署、学宫以及众多坛庙。在张柔建城时即有栖隐、普济、大云、天宁、鸿福、兴福、清安、净土、永宁、洪济、报恩、兴国、志法、崇岩、天王等十五座佛寺，天庆、清宁、玄武、全真、神霄、洞元、清为、朝真、得一、朝元、玄真等十一座道观，三皇、武安、城隍、岱宗等四座神

---

① 见《读史方舆纪要·卷十二·北直三》。
② 见（万历）《保定府志》。
③ 见《弘治保定郡志》。

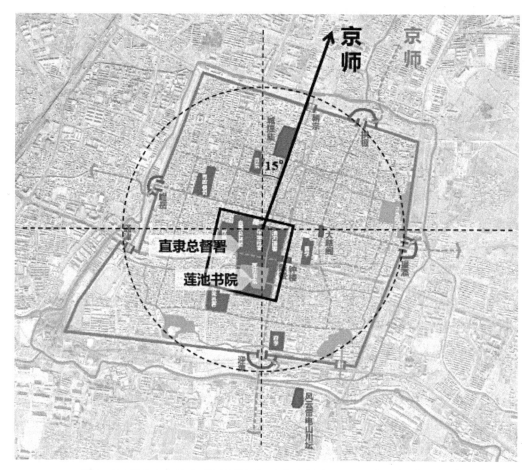

图3-1 保定古代城市"朝宗拱极、以官学畿辅为核"的传统形制分析

祠①。其后根据明代"天下郡县皆祭三皇"②之城市营建规制，又在南门外建风云雷雨山川坛。另外城内外还建有众多地方会馆，由于地处京师南大门，这些会馆发挥着类似今驻京办的职能，包括安徽会馆、中州会馆、四川会馆、浙绍会馆、山东会馆、湖广会馆、云贵会馆、三晋会馆等（图3-1、图3-2）。

张柔择城中制高点，修建大慈阁，以此为城市格局中心，建设"错十字"形制的东、西、南、北大街作为城市主轴，南北通而不畅，满足军事防御需要。在南大街上建鼓楼，其右建钟楼，为城市格局副中心。在中华文明之中，"水"被视为万物的根本，有"是以水者万物之准也"③之说，在古代城市的建设中亦被视为决定性的要素。张柔复建保州城同样首先考虑的是水源问题，原有井水过于咸卤不可饮食，导致城中

---

① 见《顺天府营建记》。
② 见《明会典·卷八十一》。
③ 见《管子·水地》。

图3-2　直隶总督署（左）与莲池书院（右）航拍

百姓患病①，遂寻得保州城西北的"鸡距""一亩"二泉，引而合流二水，并依循地形态势，挖凿沟渠，将水流从西水门引入城中，在城中蜿蜒、纵横，连通街市，从北水门而出②，进而解决了城内饮用水源问题。在中华文明之中，"水"不但被看作生命之源，还是君子品性的象征（杨柳，2002），反映在我国古代城市建设中，水不但是城市基本运营的保障，还是提升城市品质的重要因素。"鸡距""一亩"二泉据称还是宋代"塘泊防线"的重要水源，可见其充沛的水资源储备。借此，张柔进一步拓展了城内水面，城中水域面积高达全城用地面积的40%之多，依托丰富的水体，营造各种绿植景观，引来众多鱼禽嬉戏其中，"令人渺焉有吴儿洲渚之想"③，造就了上谷八景之三——"莲漪夏艳""东皋春雨""鸡水环清"，成就了保定城北方水城的图景（图3-3、图3-4）。

后因上游诸泉淤塞，河道水位下降，府河也年久失修，难以行舟，清乾隆十年（1745年）、十七年（1752年）和四十七年（1782年），三次大规模地修浚府河，其中尤以1752年的工程量最大。当时的直隶总督方观承主持进一步加深一亩泉、鸡距泉的出水口，同时再开凿其他水源出水口，并疏浚从水源到保定城的多条河道。自此以后，保定城内水系纵横，并建有70多座桥梁，呈现出与大多北方城市不一样而类似于不少南方城市的景观风貌。

---

① 见《顺天府营建记》。
② 同上。
③ 同上。

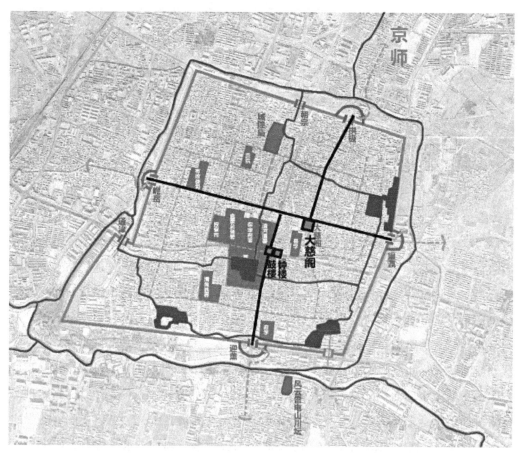

图3-3 保定古代城市"楼阁定心、有吴儿洲渚之想"的传统形制分析

图3-4 1900年从保定城南大街遥望鼓楼、钟楼、大慈阁
资料来源：河北大学贾慧献老师提供

3.2 保定近代城市变革的概览

3.2.1 洋务权臣领导的直隶省城近代变革萌芽（1870—1899）

近代初期，直隶省长时间受到东部沿海的西方列强入侵威胁与农民起义（太平军、捻军、白莲教等）的持续骚扰。此时，直隶省的主要治理焦点，或者说直隶总督的主要职责仍在统辖山海关—天津—烟台一线海防，抵御以英国为首的外敌入侵，统辖直隶、河南、山东等省军务，镇压地方起义以及战后恢复上，作为直隶总督驻地、直隶省城的保定也就没有发生太多的变革。即便到了1860年天津开埠通商，并设三口通商大臣，但受直隶省捻军等地方农民运动的影响，三口通商大臣未像南洋通商大臣一样由两江总督兼任，而是单设，其在直隶省的影响力局限于通商口岸以内。此时驻于保定的直隶总督的主要职责仍在内陆稳定与战后恢复上，如镇压农民运动、治理河道、整顿吏制等，从而未能促动保定近代城市变革的萌芽。

1870年，李鸿章上任北洋大臣（直隶总督并兼三口通商大臣），标志着直隶省治理焦点正式从省务向洋务转变。在这样的背景下，李鸿章在直隶省城保定投建了一定数量的洋务项目，如在保定东关创办八蜡庙子弹制造厂，架设津保电报线路并在保定城内北门附近设电报所等。但受"天津教案"的促动，作为直隶总督的李鸿章开始将办公地点从保定移驻天津，直隶省治理中心也随之从内陆保定向沿海天津转移[①]，从而导致李鸿章在保定投入的洋务项目规模有限。但这些有限的行动仍然开启了保定近代城市变革的大门。19世纪80年代后，洋务派领导人物曾国藩、李鸿章还带来了开明士绅——张裕钊、吴汝纶[②]等，在承担京师文教辅助功能两百余年而形成深厚文化积淀的保定莲池书院开展了十余年的中西学融合探索，培养了众多开明士人（附录B），为保定近代城市变革奠定了社会认知基础，也为整个直隶省乃至全国的近代化供给了大量人才。同时还吸引了宫岛大八等日本留学生到此学习。在如此开明的文教氛围下，受"戊戌变法"的推动，1898年，在保定西关灵雨寺创办了中国最早的地方大学——畿辅大学堂。

3.2.2 首条国家铁路干线接入与国家新政示范（1899—1912）

随着洋务运动的持续深入，"师夷长技以制夷"的洋务事业逐步深入人心，直隶省的洋务事业也在以天津为中心的沿海如火如荼地开展，但毕竟地处畿辅重地，关系首都

---

① 见1987年《大清穆宗毅皇帝实录》。
②"曾门四学士"之二，其中"曾门"指曾国藩门下。

安全，一些洋务事业仍会受到强烈抵制。作为我国最早提出筹建的国家铁路之一——津京铁路就被认为有"资敌"威胁而长期争执不下：一方面会有利于外国军队从天津入侵京师；另一方面也存在打击长期依赖大运河的京师周边广大商民的生计的风险。1889年，时任两江总督张之洞另辟蹊径，提出优先筹建京汉铁路，得到清政府认可，认为腹地干路既不连接海港，没有"引狼入室"的风险，又能够配合沿途四通八达的东西向水陆交通，增强以农业富产区为基础的活跃的传统商贸以及沿途正在起步的工厂发展，以增加国家税收，另外，还能加强军队与粮食的战略调动，并为采矿机器的运输提供便利。自此，京汉铁路作为中国近代最早上马的国家铁路干线项目，虽然起建时间或建设进度不及其后上马的一些国家铁路干线（如北宁铁路），但它标志着晚清政府正式将铁路建设作为自强运动的基本国策，具有重要的开创性意义。京汉铁路于1897年起建，1899年卢沟桥至保定段首先通车。为保证修建京汉铁路北段的物资供应，1903年，京汉铁路向保定南关延伸接上津保内河航道保定南关码头，接受来自天津的物料。1906年全线竣工，保定南关水陆转运码头形成并逐步发展，为下一时期推动保定近代城市的职能加速转型与规模加速扩张奠定了基础（表3-1）。

清末京汉铁路建设带来的利好　　　　表3-1

类别	概述
国防	全线位于内陆腹地，远离沿海，不会对列强入侵产生方便
勘避	全线两千余里，农户较为稀疏，易于铁路线避让
商贸	此一线控八九省，沿线工厂盛多，东西向运河也多，有利于带动广大腹地的商贸繁盛，同时充裕税收
军事	增强京畿与全国其他战略要地的协同，京畿有战事，可通过此线快速调集"三楚""两淮"的军力支援，也便于与长江轮运配合调集江南粮草
采矿	此线有利于将西式机械运入太行山以北助力采矿业发展，反过来也有利于采矿产出输出到全国各地

资料来源：张之洞，1889

甲午战败、义和团运动等让清廷意识到了单纯以物质基础为核心的洋务运动不足以稳定地方社会，地方政治制度的改革迫在眉睫，清末新政于1900年代初启动。地处"天子脚下的心腹之地"的直隶省成了这一改革的国家示范地。由于"庚子国变"后天津主权的暂失，时任直隶总督袁世凯只能暂驻保定，保定成为直隶省地方官治制度改革国家示范的起点[①]，在洋务运动时期莲池书院中西学融合学风探索奠定的开明的社会氛围下，顺利推行警政、文教等领域的地方官治制度改革示范，使保定迎来第一个近代城市

---

① 以1902年袁世凯于保定创办警政为标志。

变革的高潮①。另外，以1907年保定商务总会创办为标志，辅助官治制度改革的保定近代城市自治制度也开始推进，保定城议—董事会于1910年成立。

3.2.3 民国北京政府下的清苑县城工、学兴盛（1912—1928）

进入民国时期，京师作为首都的权威逐渐减弱：1912—1916年，依靠袁世凯的权威，北京作为首都对全国仍具一定的掌控力；1916—1928年，袁世凯逝世，各系北洋军阀先后上台，中央政府实际掌控区仅限于直隶省等京畿地区。此时，保定失去了作为直隶省会治所的职能（直隶省会治所移至天津），保定府治撤销，在其后的大部分时间里仅保留清苑县治（这期间曾短期设过范阳道治、保定道治、保定市治等），行政等级大幅降低。但作为"首都南大门"的重要区位，使得保定又很快迎来了准国家力量②——以曹锟为首的直系军阀的入驻，立足于前一时期留下的国家基建与制度投入遗产，保定在这一时期实现了工业崛起与新学持续发展：京汉铁路等直隶省国家铁路构成的现代区域交通网络逐步成型，保定得以更加有效地获得天津的经济带动能力。加上1916—1923年间的"直系军阀大本营"建设，直系军阀与保定商会协作，围绕逐渐成熟的保定南关水陆转运枢纽，推动保定迎来近代城市工业发展的巅峰；前一时期以政府为主推动的新学兴办在保定留下了浓厚的新学氛围，并在军阀对高等教育的高压及对中等教育较为放松的背景下，推动保定近代城市私立中学迅速发展，享有直隶省"学生城"的美誉。

3.2.4 首都转移后的铁路经济持续与改革完善（1928—1948）

1928年，随着北洋政府灭亡，北京正式失去首都职能，直隶省也随之改为河北省，保定彻底失去了畿辅重地的优势区位，但国家铁路投入与国家新政示范的效用延续仍是保定这一时期城市变革的主要线索：在河北省会多次变动而最终于1935年定于保定后（北平、天津设为特别市），保定依托京汉铁路与津保内河航道在南关形成的水陆转运枢纽而使得面向天津的商贸职能进一步强化，失去畿辅区位的保定逐渐成为面向中国北方经济中心——天津的冀中商贸中心。与此同时，伴随着城市空间的加速扩张，保定在清末承担的地方政治制度国家示范在民国时期，尤其是1928年后得到承继与规整，县一

---

① 虽然1902年以后不久，由于天津主权的收回，这些改革的指挥中心也随着直隶总督一起从保定移驻天津，但保定活跃的地方官治制度改革国家示范实践并未停止。
② 在1912—1916年袁世凯任民国北京政府总统时期，曹锟深受袁世凯器重而担任直隶督军，驻扎保定，拱卫京师安全。1920—1924年直系军阀成为民国北京政府的实际控制人。

级治理区划进一步完善：一方面，清末创建的各种地方政府新型职能部门遵照民国南京政府颁布的《县组织法》规整为县政府下辖四局，警区完善的同时，还划设了市区；另一方面，城市自治组织在经历了民国北京政府时期的中断后进行重建，也规整进县以下治理体系，设立县级行政区以下的自治区划。

从1937年日军攻占保定至1948年保定解放，受日本侵略者的控制与掠夺以及1945年后很快卷入国共内战的影响，保定近代城市变革进入迟缓期。这一时期产生的保定第一次现代意义上的城市总体规划——1937年伪河北省公署在保定编制的《河北公署规划（1937—1945）》也未能为保定近代城市变革带来实质上的推动。

3.3 小结：国家铁路、官治示范与自治辅助推动的保定变革

纵观保定近代城市变革的总体历程，起始于1870年直隶总督李鸿章兼任三口通商大臣之时，作为清代两百年直隶省首府，近代的保定立足于畿辅区位优势，作为清末国家转型的探索窗口，成为中国最早上马的国家铁路干线项目——京汉铁路上的京南第一府，警政、新学等地方官治制度改革的国家示范以及清廷钦定的直隶省地方自治示范的主要实践地之一。铁路、官治、自治等方面的国家投入，辅以保定深厚的畿辅文教底蕴与断续的军政力量强势介入，吸引社会参与而在民国时期得到延续。即便在1928年，直隶省改为河北省后，国家动力开始趋于弱势，保定的城市变革也趋于缓慢，但保定仍然能够依托清末国家投入促动而留下的铁路经济与新学兴办遗产，将保定拉回城市发展的正轨并保持稳定（图3-5）。

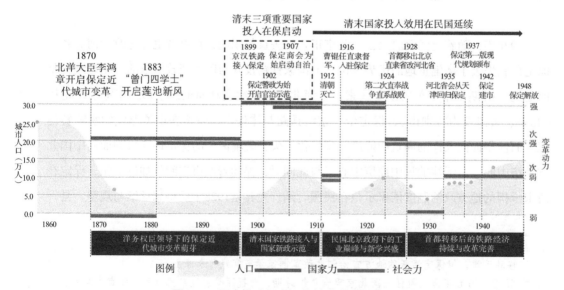

图3-5 国家推动保定近代城市变革的分期概览

可见，保定近代城市变革分析可分为三个主要的历时性领域进行，即：首条国家铁路干线——京汉铁路推动保定近代城市变革；地方官治改革国家示范推动保定近代城市变革；地方自治辅助推动保定近代城市变革。另外，根据不同的分析需要，本研究将融入直隶省、河北省和保定城及其腹地组成的保定地区（附录C）、保定城及其四乡构成的清苑县三个区域层次进行分析（图3-6）。

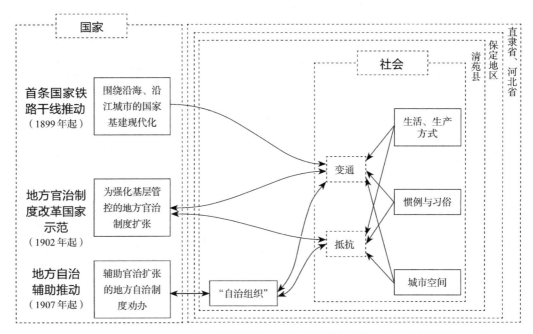

图3-6　面向保定实证的国家推动中国近代地方城市变革研究理论框架应用

第 4 章
首条国家铁路干线推动保定近代城市变革

4.1 京汉铁路助力直隶/河北省近代"农业商品化"增强

4.1.1 直隶/河北省近代"农业商品化"增强的总体态势

自第二次鸦片战争后,世界经济的供需市场以通商口岸城市——天津为接口,向直隶/河北省内陆扩张,从而促发了直隶/河北省近代"农业商品化"的增强(黄宗智,2000)。虽然直隶/河北省近代"农业商品化"增强起始于国内外市场对接的促动,但这一趋势从通商口岸城市天津向直隶/河北省内陆扩张仍离不开国家铁路干线的建设。直隶/河北省"农业商品化"增强中的农产品与农产加工品的贸易流通主要依托京汉铁路、北宁铁路、津浦铁路等国家铁路干线,激活原有内河航道,不但加速了农产品的贸易流通,更促使铁路沿线的一些城市及其腹地作为这些农产品的集散中心、加工中心与主要种植地而发展起来。其中,棉花与小麦作为这一区域近代生产利润最高的经济作物之一与粮食作物之一(表4-1)分别代表了这一区域近代"农业商品化"增强的两种主要情况:国际市场需求大大提升了棉花等经济作物的种植与运销规模;外国小麦与机制面粉等粮食作物与粮食作物加工品的流入,让传统小农与商人看到了商机,带动了本地小麦的种植与面粉工业发展。

河北省近代棉花、小麦生产利润优势(单位:元/亩)　　表4-1

农作物类型	成本	收入	利润
棉花	8.720	13.460	+4.740
小麦	6.721	7.380	+0.659
玉米	7.830	7.500	-0.330
粟	8.477	6.080	-2.397
高粱	6.630	4.060	-2.570

数据来源:1940年侵华日军某机构调查资料

直隶/河北省棉花商品化增强的原因与态势。早在19世纪60年代,美国南北战争爆发,产棉量大幅减少,国际市场棉花供给紧张,使得通商开埠不久的天津的棉花出口在5年左右的时间内一度激增至约14万担,但这一态势并没有长期保持。直到20世纪初,全球棉纺织业大发展,国内外纱厂数量增加,国际市场棉花需求大幅提升,尤其是刚完成产业革命不久的日本[①],急需找到新的棉花供应基地,而相对毗邻的华

[①] 1892年,日本全国有纱厂39家,纱锭约38万枚。到1902年,日本纱厂有80家,纱锭约130万枚,10年间,分别上涨105%与242%。

北地区进入了国内外棉纺织业资本的视野,开始加速推动棉花商品化的增强[1](张利民,1990)。据一份20世纪30年代的河北省棉花出产与运销调研报告所述(曲直生,1931),直隶/河北省立足于天津棉花市场,依托逐步成型的国家铁路干线网络与原有传统内河航道的对接、配合,逐渐形成了较为完整、成熟的区域棉花市场架构:"终点市场(天津)—中级市场(石家庄、保定等国家铁路干线的重要站点所在地)—较大原始市场(有固定棉花店的城、镇、集市)—较小原始市场(无固定棉花店,有棉花经济的城、镇、集市)",并且这一区域市场体系还向外辐射至整个华北地区乃至全国。另外,国家政府还于这一体系中的中级市场开办各类实验场,用于推广新型棉花生产技术,包括:1902年,袁世凯禀奏清廷组建中国近代第一个发挥了实际作用的省级政府农业职能部门——直隶农务局,筹办直隶农务学堂,并附设农事实验场,实验新式农业种植技术,定期开办农产展销会;1916年,时任民国北京政府农商总长张謇聘请美国顾问周伯逊于正定设立第一棉业实验场,并公布美棉种植奖励细则等(吴俊杰,2000)。

直隶/河北省小麦商品化增强的原因与态势。在近代以前的直隶省,小麦作为主要供应城市以及上层阶级的"细粮"(相对于高粱等"粗粮"),已经实现了较强的商品化。贫农将小麦出售给城市以及上层阶级,换来现金购入更多的高粱等,以保证食物充足(黄宗智,2000)。但经历了19世纪中叶的内外战争后,作为粮食作物大省的直隶省的粮食生产受到严重打击,加之棉花等经济作物的商品化带来的种植面积扩张,小麦等粮食作物受到挤压而大幅减产。但面对1850年之后80年内直隶省人口的大幅增加[2]以及进入20世纪后国内面粉工业的发展,小麦作为北方人民的主要食品原料之一,需求量也随之大幅提升。这一趋势使得直隶/河北省小麦种植得到一定的恢复,加上国内外运至直隶/河北省的小麦,同样依托逐步成型的国家铁路干线网络与原有传统内河航道的对接、配合,推动了小麦商品化的增强(唐传泗等,1981;马义平,2019)。但受到较为频繁的政变、战争、灾害等的影响,京汉、津浦、正太三条直隶/河北省主要小麦贸易通道的小麦运量出现了大幅的波动(图4-1)。

---

[1] 天津棉花市场的华北棉价在20世纪初的前10年里上涨了一倍多,进津的棉花数量也在激增,仅仅在1909—1911年两年的时间里,就上涨了8倍多,之后进津的棉花数量维持在40万至上百万担的规模,而这些棉花中的大部分出口至日本等国外市场,如1910年,进津棉花约21万担,出口棉花约占60%。

[2] 据"从翰香等,2010:第1823-1824页"数据统计:1850—1936年,直隶省人口净增801.3万人,同期山东省人口净增571万人,河南省人口净增1036.3万人,而同期南方的江苏省、浙江省、广东省的人口分别净减309万人、890万人、40万人。

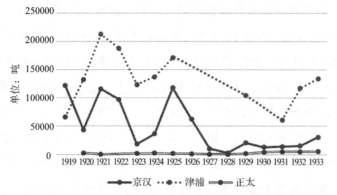

图4-1 1919—1933年间直隶/河北省主要小麦贸易铁路线的小麦运量
资料来源：陈伯庄，1936

4.1.2 京汉铁路对接传统内河航运助力"农业商品化"增强

在这些作为直隶/河北省"农业商品化"关键通路的国家铁路干线中，作为中国近代最早上马的国家铁路干线项目，"西河农区"的京汉铁路几乎贯穿了直隶/河北省这一农业大省中农业发展最为富饶的区域，不但连通了直隶/河北省棉花商品化最重要的两座中级市场——石家庄与保定，也是除津浦铁路以外，直隶/河北省运输小麦最多的国家铁路干线（津浦铁路的小麦运量主要来自于直隶/河北省外，而京汉铁路的小麦运量相对更多地依靠直隶/河北省的本土出产）。京汉铁路以沿线重要码头（大清河航道保定南关码头、滹沱河航道真定码头、漳阳河航道磁县码头）为节点，与东西向原有的三条内河航道对接、配合，带动沿线地区，面向天津，融入直隶/河北省的"农业商品化"。下面我们同样以棉花与小麦为例，用数据展示京汉铁路沿线地区对直隶/河北省"农业商品化"增强的贡献（表4-2）。

直隶/河北省"农业商品化"增强概况及京汉铁路沿线地区贡献　　表 4-2

品类	直隶/河北省"农业商品化"增强概况	京汉铁路沿线地区贡献
棉花	1900—1936年直隶/河北省棉花种植面积占总耕地面积的比例从2%~3%上升至10%，约增加了3~5倍，主要集中于天津运销国内外	集中于天津的棉花，60%来自于京汉铁路沿线的西河棉区
小麦	民国时期河北省的面粉工厂数量约占全国总数的20%，带动全省的小麦种植面积、年产量排在京兆及全国25省的前列	在民国时期河北省61个主要产麦县中，有近50%的县位于西河麦区

资料来源：黄宗智，2000；曲直生，1931；麦叔度，1930

京汉铁路沿线的棉花。1900—1936年直隶/河北省的棉花种植面积占总耕地面积从2%~3%上升至10%，约增加了3~5倍，其中大部分集中于京汉铁路沿线的西河棉区。

其间，在20世纪20年代末，河北省年产棉花达到了全国第一，高达约200万担/年，其中10%~20%通过天津运销国外（大部分是运销日本），其余供给华资纺织工厂（黄宗智，2000）。民国时期河北省出产的棉花大部分出产于京汉铁路沿线的西河棉区，这一地区所产的棉花占据了天津棉花市场的60%。据一份30年代的河北省棉花出产与运销调研报告所述（曲直生，1931），河北省所产棉花绒短而粗硬，不适于纺细纱，但尤为适于制作毡帽、粗毯、绷带、填塞衣被原料等，深受日本商人欢迎，这里主要指的就是京汉铁路沿线的西河棉（表4-3）。

保定在河北省近代三大棉区中的区位与特征　　　　表 4-3

棉区	范围	产棉特征	运输路径
西河棉区	京汉铁路沿线	绒短而粗硬，不适于纺细纱，适于制作毡帽、粗毯、绷带、填塞衣被原料等，深受日本商人欢迎	通过京汉铁路、津保航道、滹沱河运至天津上西河区（大清河流域）：以保定城为中心，含完县、满城县、清苑县、定县、高阳县、蠡县、安国县；下西河区（滏阳河、滹沱河流域）：以石家庄为中心，包括正定、藁城、晋县、束鹿等之棉，以邯郸为中心包括磁县、永年等之棉
御河棉区	南运河沿线	絮白、纤维长，品质较西河棉更高	通过津浦铁路、南运河、滏阳河运至天津，其中南运河为主要运输线。以吴桥为中心，集中宁津、东光、南皮等之棉
东北棉区	东河（滦河、蓟运河）、北（运）河流域	品质最高，传说为美国传教士引入，絮白，绒细而长，产量无多，可代替美棉纺纱	以丰润县小集与玉田县窝洛沽、武清县杨村为集散中心，分别通过北宁铁路、蓟运河运至天津

资料来源：曲直生，1931

京汉铁路沿线的小麦。 据一份20世纪30年代的天津面粉工业调研报告所述（董言昌，2010），直隶/河北省的机器技术促进了面粉工业的发展，民国时期河北省（含天津）的面粉工厂数量约占全国总数的20%，其中大多数位于天津，在促进小麦商品化的同时，也带动了本地小麦的种植。据民国资料显示，直隶省的小麦种植面积是除河南、四川、山东、江苏、湖北五省以外的全国第一，其小麦年产量排在京兆及全国25省的前列，在民国初期（1914—1920年），除1920年由于受自然灾害的影响而导致各产量指标出现明显下降以外，其他年份的每亩产量以及总产量均逐渐上升，种植面积一定程度上保持稳定。在民国河北省的众多产麦县中，京汉铁路沿线的西河麦区虽然不是产麦量最高的地区，但却是产麦分布最广的地区，在20世纪30年代统计的河北省61个主要产麦县中，有近50%的县位于西河麦区（图4-2、图4-3、表4-4）。

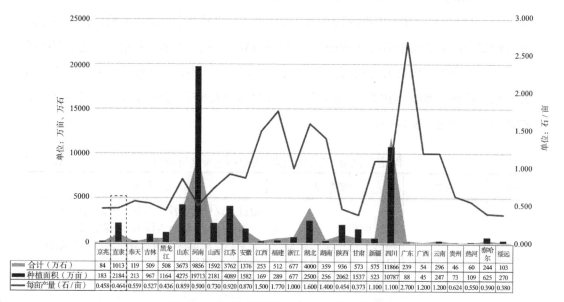

图4-2 民国时期某年各地小麦产量情况
资料来源：麦叔度，1930

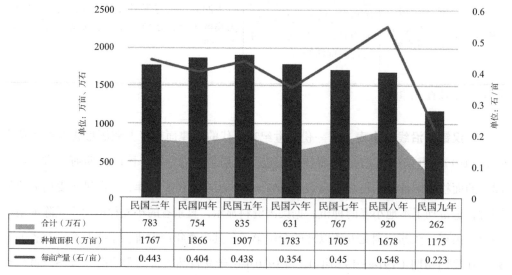

图4-3 1914—1920年直隶省历年小麦产量
资料来源：麦叔度，1930

民国时期河北省主要产麦县产量分布情况　　　　表 4-4

麦区	范围	主要产麦各县			
		产量最大	10万石以上	10万石以下，有余麦输出	10万石以下，无余麦输出
上西河麦区	京汉铁路沿线，保定一带	—	—	容城县、定兴县、新城县、任丘县、蠡县	博野县、望都县、安国县、安肃县
下西河麦区	京汉铁路沿线，石家庄、邯郸、磁县一带	—	冀县、饶阳县、肥乡县	巨鹿县、永年县、武邑县、新河县、邢台县、南和县、任县、广平县、磁县、邯郸县、沙河县、内丘县	东安县、深县、赵县、安平县、隆平县
御河麦区	御河沿岸自天津至徐州一带	南乐县、文安县	交河县、静海县、柏乡县、沧县、大成县	威县、曲周县、魏县	衡水县、南宫县、武强县
北河麦区	滦河一带	—	滦县	唐山县	乐亭县、玉田县、平谷县、丰润县、遵化县、宁河县
腹地麦区	北平附近	宝坻县	顺义县	香河县、武清县、良乡县、霸县	房山县、固安县

资料来源：麦叔度，1930

4.2 "农业商品化"推动保定近代城市职能转型与产业垄断

4.2.1 "农业商品化"增强下保定近代的两个机遇与区域竞争

由上文可知，保定在直隶/河北省近代"农业商品化"增强的进程中，作为京汉铁路与津保内河航道的交汇枢纽，成为直隶/河北省棉花产量最高的西河棉区以及直隶/河北省小麦生产范围最广的西河麦区的北部中心，即上西河棉区与上西河麦区的中心，因而直隶/河北省近代"农业商品化"增强为保定带来了民国《清苑县志》记载的近代两个实业发展的重要机遇，推动了保定近代城市职能转型：一是依托保定西南地区丰富的棉量，创办纺纱厂，借助京汉铁路，除销售本省外，还可行销至山西、河南等省；二是依托京汉铁路保定南关支线对接府河码头形成的水陆转运枢纽，发展津保航运贸易，进一步助力棉花、小麦等的商品化。

但与此同时，直隶/河北省"农业商品化"增强也为保定近代发展带来了更大的区域竞争。从1870年"天津教案"起始，通商口岸天津就逐步地在替代保定作为直隶省会的区域职能，保定一度降级为直隶省名义上的省会而逐渐失去支撑其古代长期繁荣的畿辅军政中心职能。另外,天津作为直隶/河北省"农业商品化"增强中的国内市场接口、棉花贸易重点市场,其区域地位进一步提升。由此,进入民国北京政府时期,清末民初受政变、兵灾破坏的保定又面临直隶省会正式移驻天津的窘境,城市各界对保定失去省会职能后的未来发展深感忧虑,保定商会等先后联名请愿以移回省会职能未果,民国北京政府国务院以及直隶省民政长官回复保定各界请愿时表示,天津不但与保定一样是畿辅南北冲要之地,更重要的是自通商以来,沿海国防、外交事务早已上升为直隶省首要政务,天津也因此成为"既综内政又兼外交""绾海陆之冲,华洋杂处"的直隶省政务中心,相比之下,保定此时已设置的保定道署以及成熟的警察部门足以应付当地政务,维持地方稳定。

"……保定市面疲弊、商民交困、窘困情形、不堪言状、若不早事救济、势必陷于空城、全市商民公议、叩恳主席钧裁、务将省政府迁移于保、俾资救济、商民幸甚、全市幸甚……"①

"……吾直自前清同治年间通商以来,总督既综内政又兼外交,南北交冲,海疆多事,纷纭繁赜,萃于津门督署常驻此间历有年,所时势所趋无如何也。近年更外宾错处租界,县长事务殷繁过于畴昔,其不能不驻节天津,尤事理之最易明者……保定有范阳道观察使及警察厅坐镇,其间尚足以保治安而维秩序……"②

"……公署移驻保定对内对外窒碍难行,等缮业经提出,国务院议决,天津绾海陆之冲,华洋杂处,大势所趋,已成一重要都会,公署地点不能再移腹地……"③

另外,在保定落实近代两个实业发展机遇之一——创办纺纱厂时,又遇上了另一个强劲的"竞争对手",即同样作为西河棉区与西河麦区的中心之一(下西河棉区与下西河麦区的中心),京汉铁路与正太铁路的交汇枢纽——石家庄。自1909年第一期直隶省咨议局常会倡议直隶省政府筹款投建北洋纺纱厂,大力维护直隶省棉纱产业这一规模巨大且外溢严重的国家利权时起④,保定与石家庄就都成了省办纺纱厂的选址候选。1912年,保定一度从天津、正定府获鹿县等候选者中脱颖而出⑤,但最终因清朝灭亡,未能施行。民国北京政府组建直隶省临时省议会,省办纺纱厂选址再次提上议程,此时,失去了省会地位对保定争夺省办纺纱厂选址影响巨大,河间连镇、正定石家庄、保定、辛集、唐山、天津宝坻先后成为候选,1917年,直隶省省办纺纱厂选址最终投票结果:保定以8票位居第三,而石家庄则以70票的高票(总共96票)成功当选直隶省省办

---

① 见1929年刊登于《大公报(天津版)》的《保定商会请移省府于保》。
② 见1913年《民政长批保定省城民商等呈公举代表陈述省城情形》。
③ 见1913年《直隶民政长前呈国务院为直隶政府公署不能移驻保定理由请批示一案》。
④ 见1909年刊登于《大公报》的《挽回利权》。
⑤ 见1912年刊登于《大公报》的《纺纱厂之竞争》。

纺纱厂的最终选址①。保定在省办纺纱厂选址竞争上的失败，除了政治博弈上的失败，更反映出畿辅地区区位态势的巨大变化：以军事防卫为优先考虑转变为以近工业生产资源为优先考虑。近代的石家庄不但与保定同样为京汉铁路上的重要站点，也位于整个西河棉区的几何中心，并且还可通过正太铁路更为便利地获取工业生产所需要的煤炭资源。

最终，京汉铁路保定南关支线对接津保内河航道保定府河码头形成的保定南关水陆转运枢纽成为保定近代城市实业发展的主要依托。

4.2.2 围绕农产品转运与加工的保定近代冀中商贸中心职能的确立

在古代，保定地区就是京师农副产品的重要供给地，但在清朝中期以前，由于保定主要作为军镇，这些物资大都直接运往京师，不经由保定，清朝中期以后，保定确立为直隶省会，不仅成为一座官僚聚集的消费城市，而且开始聚集腹地的农副产品，起到了一定的冀中农副产品集散作用（王玲，1988）。进入近代，随着南关水陆转运枢纽的日渐成熟，冀中农产商贸中心职能成为保定城市经济发展的主导，聚集了保定腹地的棉花、小麦等，推动棉花转运业、面粉工业等快速发展，并与京师（北平）、天津进行密切的商业贸易（图4-4）。

保定近代南关水陆转运枢纽建设与发展，起始于1903年，京汉铁路对接保定府河码头的保定南关支线建成。1906年京汉铁路全线竣工以后，围绕南关水陆转运枢纽，保定近代城市水路与陆路运输业持续发展：在水路运输（即津保内河航运）方面，1907年，保定安州商人开办津保轮船公司并在保定设站，1913年，直隶省政府公署和大沽造船所在天津创办直隶全省内河行轮董事局（后简称"行轮局"），推动官办内河航运业第一

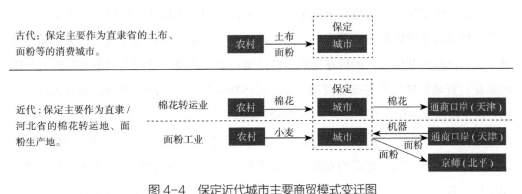

图 4-4 保定近代城市主要商贸模式变迁图

---

① 见1917年刊登于《大公报》的《省会开会旁听记》。

条轮船客运航线——津保内河轮船航运于1914年重新通航,并设津保行轮事务所,继续运营津保内河航运;在陆路运输方面,1921年,曹锟之弟、时任直隶省省长曹锐在保定南关创办协通汽车公司,经营保定至天津的公路运输,带动后来保定官方机构与私人公司创办汽车运输,有效强化了保定与通商口岸天津以及保定城腹地城、镇、乡的联系,自1917年保定私营汽车运输业创办至1937年

图4-5 保定清末南关水陆转运枢纽
资料来源:河北大学贾慧献老师提供

"七七事变"前夕,保定汽车公司从1家发展为十几家,汽车数量由4辆增加至50余辆,客运里程从36km增加至544km,通车线路增加至8条,津保线是其中最为重要的运输线路之一,1937年,天津亦有十余家私营汽车行,共计23辆汽车往返于津保。依托铁路、航道以及汽车运输等丰富的交通设施,一度出现了"舳舻相接,樯帆如林"的繁盛景象(图4-5)。

作为冀中棉花转运中心的保定。在京汉铁路的带动下,保定城成了直隶省近代三大棉区中产量最高的棉区——西河棉区的北部中心,即上西河棉区的中心,主要集中完县、满城县、望都县等县的棉花。据相关史料记载,与铁路运输(从保定城经京汉铁路运至丰台,再转北宁铁路运津)相比,津保内河航道运距少40km,使得运输时间大体相同,但运费却大大低于铁路(表4-5)。因而,由京汉铁路、大车等聚集于保定城的棉花,选择通过京汉铁路、北宁铁路运至天津的,约占总量十分之三,而转由津保内河航道运至天津的,约总量的十分之七(王树才,1988)。值得注意的是,保定城虽为上西河棉区的中心,但上西河棉区的棉花集散并没有强烈地体现出向保定城聚集的态势,而是以保定城为一级棉花集散中心,在上西河棉区内依托京汉铁路、津保内河航道等,形成多个次级棉花集散中心。除了满城县、完县一带的棉花主要在保定城集散外,上西河棉区其他各县的棉花则更多的是通过京汉铁路、津保内河航道运至更活跃的棉花商贸城镇进行贸易或者直运天津。据1936年形成的《河北省棉产调查报告》显示:保定城以北的徐水县、定兴县等的县城聚集周边棉花,经由京汉铁路运至北京城或南苑进行售卖、转运;保定城以南的望都县、定县等的县城聚集周边棉花,经由京汉铁路南下;保定城以东及东南的安新县、高阳县、安国县等的县城聚集周边棉花,经由津保内河航道直运天津城,或经大清河流域南线航线运至白洋淀各码头后再运至天津城(表4-6)。

华北近代各种运输方式费用比较　　　　　　　　　　表 4-5

运输方式	人力车	大车	铁路	民船		小轮船	
				上行	下行	上行	下行
运费 （单位：银元/ 吨·公里）	0.40～ 0.60	0.30～ 0.40	0.016～ 0.030	0.05～ 0.030	0.0015～ 0.005	0.015～ 0.025	0.003～ 0.008

资料来源：王树才，1988

保定近代城市主要工厂一览　　　　　　　　　　　　表 4-6

名称	位置	资本	概述
乾义机器面粉公司	南关	50万	内设蒸汽机马力250钢磨16部，开15部一昼夜出面3500袋（面袋用高阳布），工人150余名
福和公火磨公司	南关	2万	内设蒸汽石磨1部，一昼夜出200袋，工人30名
永济水磨面粉厂	西关	1万	工人10余名，日出面粉千余斤，计20余袋，年出7000余袋，行销本县城关
源丰水磨面粉工厂	西关	0.8万	工人10余名，日出面粉约600斤，计十数袋，年出4000余袋
庆兴蛋厂	西关	2万	内设蒸汽机器制造乾蛋白及蛋黄粉运往天津出售。打蛋用女工140名，收蛋工人20名。制造工人40名，机器匠8名，每日鸡蛋消费量约400筐（每筐85～120个）
电灯公司	南关	12万	工人50余名，供应全城20000盏电灯，月盈利约10000元，后为保定发电站
铁工厂6家	西关、南关、城内	—	育德中学所办育德工厂较大，以生产农具为主，如水车、打轴子机、织布机、轧光机、轧花机等，也生产锅炉汽机、保险柜等，销售至邯郸、石家庄、完县一带。另有一家名为济农的工厂，为留法学生所办，出品人力出水机、割麦机、铲草机、轧花机、织布机等各种新式农具
造纸厂数家	西关	—	家庭手工业性质，仍为旧式技术，效率低下，保定作为"学生城"，纸张需求量大，因此，大多需外来供应
运动器具厂十余家	城内	—	随着学生经济情形的改变而兴衰，以群玉（资本5000元，工人20名，年销售额万余元）、布云规模稍大
肥皂制造厂6家	城内	—	广华制胰公司最大，有工人20余名，每日生产140箱（120块/箱）。原料为牛油、大麻子油。牛油产于本地，价值0.2元/斤。大麻子油为附近西山所产，0.13元/斤。其他材料如松香、烧碱、火酒、樟脑油、椰子油等都须从天津购买。除广华外，另有5家，各厂出品除销售本地外，还销售至高阳县、易县等地

续表

名称	位置	资本	概述
织布厂十余家	城内、南关	—	不发达,出品主要于本地销售,惟城内济善商场内的亚立(有机器数十架)以及南门内文昌宫第一工厂(提花机5架、铁轮机6架、木机11架)规模稍大。
火柴公司	南关	—	民国8年,曹某集资创办,规模与天津北洋的火柴公司相当,但品质不及,后因战乱而关停。

资料来源:1926年刊登于《中外经济周刊》的《保定经济之状况》;1934年刊登于《国货年刊》的《保定工商业之概况》

面粉工业等农产品加工业成为保定近代城市支柱产业。在并不发达的保定近代城市工业中,以农产品加工业为主,其中又以面粉工业为首要(表4-6),包括南关的乾义机器面粉公司、福和公火磨公司以及西关的两家水磨面粉厂等,各面粉厂依托京汉铁路集中沿线丰富的小麦产出,年消费小麦约245000包(每包均重140～150斤)。乾义机器面粉公司与新乡通丰面粉公司一度成为京汉铁路沿线规模最大的两家面粉工厂。乾义机器面粉公司初期出品最贵(一等面粉价3.5元/袋)且难以改变传统消费者对小磨面粉的热衷,但后来采取代销、抽奖等方式,使得产品开始日益畅销,除销售至附近各县外(高阳县年销50000袋以上),还一度战胜天津各面粉厂,畅销北京。据统计,该公司之产品的60%销于北京,30%售于保定,5%销于平汉沿线。印有乾义机器面粉公司太极图商标的面粉袋甚至在北京市场上引起了"串袋"风波。面粉工业在保定近代城市工业中的快速发展,除了得益于京汉铁路聚集沿线丰富的小麦产出之外,也得益于保定地区良好的小麦种植基础与传统:一方面,保定城以西、以南的邻近腹地有着丰厚的小麦产量(如据民国《望都县志》记载,保定城西南的望都县近代小麦种植占全县地亩的30%),保定城内面粉工厂所需的小麦主要来自于满城县、完县、望都县、蠡县、安国县;另一方面,近代以前,小麦就已是直隶省最为商品化的农产品,在清代,保定府城作为直隶省城,面粉消费需求高,已是小麦商贸的主要市场。

4.2.3 冀中商贸中心职能下的保定近代城市产业垄断

冀中商贸中心职能的确立,一定程度吸引了人力、农产品等向保定城聚集,支持保定近代城市转运业、面粉工业等的发展,如保定城内于20世纪20年代初在京汉铁路、府河沿线很快聚集了从事转运业的工人近2000名(中国人民政治协商会议河北省保定市委员会文史资料研究委员会,2001),保定城内每年聚集满城县、完县、望都县、蠡县、安国县、安新县等地小麦245000包。然而,新兴产业中显著的把头、官僚、军阀等的垄断,导致市场本就有限的保定近代城市新兴产业无法推动保定近代城市经济更大的升级，从而也未能给社会经济制度带来更加深刻的变化。转运业中的重要组成部分——脚行，从清末开始，就长期受到皇封的封建把头、地方官员的控制，进入民国，虽然脚行有所发展并先后成立了公会以及由县政府协调公会、商会成立的"搬运事务所"等，但本质上还是封建把头、地方官员、侵略者垄断行业、压榨工人的敛财工具，没有制度更新、技术换代等的积极性。由直系军阀注资成立的乾义面粉公司，有着相似的情况。由于军阀资本规模在保定本地的绝对优势，且附带一定的武力，它很快挤掉了保定其他面粉公司，一度成为军阀敛财的工具，军阀时代过去之后，在保定处于垄断地位的乾义面粉公司在保定内部长期存在的强制军需供给（供给军阀、日本侵略者、国民党军等的军需）以及外部（天津、石家庄等地的面粉工厂）强势的竞争下仍未能得到进一步的提升（中国人民政治协商会议河北省保定市委员会文史资料研究委员会，1989）。

4.3 "农业商品化"增强下的保定近代腹地商贸兴旺

4.3.1 保定地区近代城镇经济中心等级体系变革评价结果

进一步借鉴"施坚雅模式"，建立保定地区洋务运动时期与民国时期城镇经济中心等级评估指标体系与数据库，对保定城及其腹地城镇构成的保定地区城镇体系进行评估、分析（附录C），从而更加明晰直隶/河北省"农业商品化"增强下保定近代城市变革的经济基质。对保定地区近代城镇经济中心等级体系进行评价后得出：保定地区近代城镇经济中心等级体系从1899年京汉铁路开始运营以前的以行政等级为首要标准的金字塔结构趋于流动性更强、更加扁平的结构，中等城市与重要市镇数量增加。位于上西河农区的保定地区是直隶/河北省"农业商品化"增强中的棉花、小麦等的重要供给地，在保定的冀中商贸中心职能确立的同时，其腹地的城、镇也接受通过京汉铁路、津保内河航道等区域交通线带来的活跃的农产品或农产加工品（如棉纱）贸易流，得以在直隶/河北省"农业商品化"增强链条中因承担不同的功能（运营中心、运输中心、交易中心等）而崛起，如作为民国"河北第一织布区"运营中心与清苑县城形成"运棉—织布"棉纺织业分工的高阳县城，在受京汉铁路强化的津保内河航运贸易中作为运输中心、交易中心的新安镇与白沟镇等（表4-7）。

保定地区洋务运动时期与民国城镇经济中心等级体系　　　　表4-7

等级	洋务运动时期	民国时期
大都会	直隶省城（保定府城）	—
地区城市	定州城	清苑县城（降1）、定县城

续表

等级	洋务运动时期	民国时期
中等城市	定兴县城、新城县城、安肃县城、雄县城、祁州城	定兴县城、徐水县城、雄县城、高阳县城（升1）、安国县城
地方城市	易州城、涞水县城、容城县城、安州城、满城县城、完县城、唐县城、望都县城、高阳县城、博野县城、蠡县城	易县城、涞水县城、安新县城、容城县城、新城县城（降1）、满城县城、完县城、唐县城、望都县城、博野县城、蠡县城
周边重要市镇数量	14	51（增加37）

资料来源：附录C。

4.3.2 保定地区近代棉纺织业的分工与兴盛

高阳县，因早期地处"高河"①以北，而水北为阳，故取名为"高阳"。近代以前，高阳县地势平坦，河流众多且流速缓慢，水流带来的淤沙沉积抬高了河床、河口，使其超过了平地，每当夏季雨量较大时，常常水患泛滥，有"十年九潦"之说。加之该地区地势低洼，盐碱地众多，粮食产出占比相对冀中其他地区较少。但这种沙洼地却适宜种植棉花，从而很早就形成了以纺纱、织布售卖而谋生存的传统，以"自纺自织自售"为主要生产制度。但由于生产力与通行能力比较低下，高阳县一带的棉布生产规模与销售距离均不大，保定府城是其主要的运销中心之一。

但在19世纪末到20世纪初，天津开埠以后，尤其是《马关条约》签订之后，洋布向直隶省内陆倾销，大大冲击了高阳县一带生产的土布的外销，从19世纪末的35万匹下降为1905年的10万匹（顾琳，2009），威胁到了高阳县一带民众赖以生存的农家副业。正值此时，1900年代中期，直隶总督袁世凯在直隶省大力推广新型织布技术，即以机纺纱为原料进行机器织布。近代机纺纱生产效率是传统手工纺车纺纱的80倍，这同时造成了机纺纱售价的大幅降低，甚至低至与原棉价格近似。加之机器织布效率更高，进而以机纺纱为原料的机织布的利润也更高（黄宗智，2000）。因而，这一技术很快在高阳县一带落地生根。高阳县一带的商人不但将织布机器与机器织布技术引入高阳县一带及其周边地区，还创立了一套高度组织化的"商人雇主制度"，形成的高阳县织布区一度成为民国时期"河北第一织布区"，高阳县城作为这一区域的中心得到专业化发展。就此，保定地区棉纺织业中心从古代的定州城转移至近代的高阳县城，并且在保定地区棉纺织

---

① 此河现已经消失。

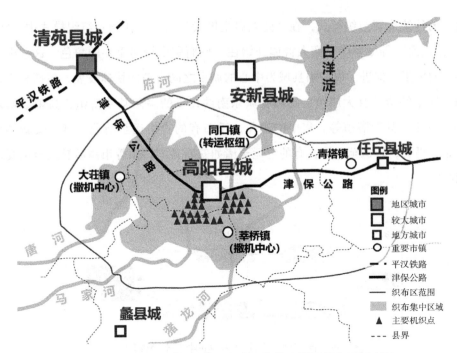

图4-6 被誉为民国"河北第一织布区"的高阳县织布区示意图
图片来源：吴知著，1936；顾琳，2009；

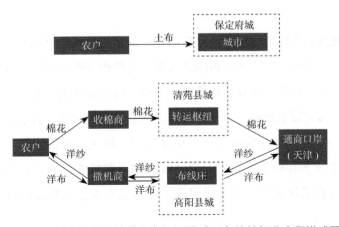

图4-7 保定地区传统（上）与近代（下）棉纺织业商贸模式图

业中，高阳县城与清苑县城呈现出明显的产业分工发展态势（图4-6、图4-7）。

"商人雇主制度"的运行模式。由于机器织布效率高，对机纺纱需求量大，运输成本较高，织布机器购置费用高，大多数农户无法负担，因而地方富人在高阳县城创办了专门从事机纺纱集中代购、织机借贷并集中销售的"布线庄"。布线庄从通商口岸集中购得的机纺纱，大多数通过"撒机商"代发给有介绍人为其向布线庄作保的织布农户，农户按照一定的要求，定期织布上缴，获得手工钱。可见，相比于"自纺自织自售"的传统商贸组织模式，在"商人雇主模式"这一近代商贸组织模式中，"收棉商""撒机商"等城乡中介商人群体开始在区域商贸中扮演重要的角色。这些中介商人群体的扩张又促进了以高阳县城为中心的城乡之间市镇的快速发展，包括高阳县城以西约30里的清苑县大庄镇、高阳县城东南约18里的高阳县莘桥镇、高阳县城东北约40里的任丘县青塔镇等。集中的棉花、洋布有的直接运至清苑县城、安新县城的火车站、码头，转运至天津，有的也运至诸如安新县同口镇等市镇后转运至主要码头（图4-8）。

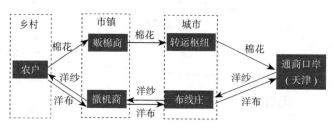

图4-8　保定地区近代棉纺织业中的市镇作用

4.3.3　津保航运兴盛下的新安镇与白沟镇的崛起

津保内河航道发展的总体历程。从元代张柔建造保定城并疏浚府河开始，至明代初期，由保定城起始经府河至白洋淀，再随流入海的自然内河航线初步形成，津保内河航道形成于明清时期。随着天津设卫以及明代漕运、海运政策的并重，毗邻大运河与出海口的天津，河海商贸职能日益兴盛，津保内河航道正式确立。到了清朝雍正年间，基于保障京师与直隶省城保定的物资需求等原因，钞关、盐院公署、运司署等经济枢纽职能机构也逐步移驻天津，津保内河航道的商贸职能得到进一步强化。南方的物资、长芦盐等在天津聚集，再经津保内河航道运至保定，再分散至广大的直隶省。

津保内河航道的近代运营。到了近代，京汉铁路的竣工进一步促进了津保内河航道的繁荣。据1912年以天津为中心的内河航道运量统计，津保线的贸易量比连接天津的其他内河航道运量高出至少一个数量级，不可谓不繁荣。到1940年左右，津保内河航道运量仍然位居前列，同时以上行（即由天津向保定运输）盐等为主的贸易结构，正式逆转为以下行（即由保定向天津运输）棉花、小麦等农产品供给天津乃至国外为主的贸易结构（表4-8）。后经过20世纪60年代与1970年的几次旱灾，津保航道水流量大幅下降，最终失去了航道功能。近代津保内河航道总长超过200km，主干线从保定南关开始，经过安新县、新安镇、保定县（非本研究对象之保定，而是有"小保定"之称的白洋淀以东的县城，现为文安县下辖新镇镇）、苑家口等最后到达天津，途中有支线连接雄县、容城县等①。白洋淀是津保内河航道沿线"上府""下卫"之重要节点（表4-9）。清末安州的商人们很快就意识到了进一步繁荣的津保内河航道的巨大商机。1907年，安州商人刘济堂上报直隶总督，依托保定码头、新安码头、雄县码头、苑家口码头等，成立"津保河道公司"，成为直隶省境内最早的近代内河航运企业之一。筹措股本100万两，用于修葺津保内河航道沿线河道，并购置10余艘小火轮，业务以天津与保定间的客货运以及拖带民船为主，还向官府申请了专营资格，不愿接受拖带的民船亦需要向该公司缴纳捐资，以补充河道维护费用②。津保河道公司对津保内河航道的运营得到了大众的广泛欢迎，保定商会就指出，津保河道公司的小火轮对津保商贸颇有助益。然而，津保内河航道所经州县官府却常以津保内河航道浅、弯，且水闸桥梁众多，认为行轮有威胁堤防的危险为由，上告总督，并通告天津商会。在官方的百般阻挠下，津保河道公司经营艰难。1914年后，中央海军部下辖大沽造船所与直隶省政府共同成立"直隶全省内河行轮总筹办处"，津保航线就是其率先开办的五条航线之一，民营的津保河道公司受到打压而无力支撑以致最终关停（王树才，1988）。

1912年与1939年4月至1940年3月以天津为中心的直隶／
河北省内河航线贸易、运量统计表　　表4-8

航线	通航里程		1912年贸易量（两）		1939年4月至1940年3月运量（吨）		输津货物主要品种
	起讫地点	距离（km）	入津	离津	入津	离津	
南运河	天津—德州	215	10077307	5931431	126653	71257	玉米、高粱等
子牙河	天津—臧桥	167			4914	4063	棉花、小麦、杂粮
大清河③	天津—保定	200	12502348	12547277	93076	154139	芦苇、小麦、棉花
北运河	天津—通县	125	973332	1707046	30220	50241	面粉、菜、席、盐

---

① 根据天津市档案馆馆藏的1927年5月行轮局档案106-1-323第2页所载数据换算得知近代津保内河航道的河道尺度：上游保定河宽约20m，春夏秋三季水深约1m左右；中游史各庄一线，河宽约33m，春季深约2.3m，夏季深约1.0m，秋季深2.7m；下游的天津河宽约67m，深约6m（夏季深约6.3m，秋季深约6.7m）。航道窄且浅，官船和民船均采用宽十余米、吃水1m左右的船只。
② 见1907年刊登于《吉林官报》的《禀办津保河道公司》。
③ 即津保内河航道。

续表

航线	通航里程		1912年贸易量（两）		1939年4月至1940年3月运量（吨）		输津货物主要品种
	起讫地点	距离（km）	入津	离津	入津	离津	
蓟运河	天津—林亭口	114	2130454	6703151	65681	27097	小麦、米、高粱、棉花
滦河	滦县—承德	114			16332	20194	米、面粉、麦、畜产品
合计			25683441	26888905	336876	326991	—

资料来源：王树才，1992；河北省地方志编纂委员会，1992

津保内河航道干线上的主要码头情况　　　　表4-9

名称	规模	概况
保定码头	码头长1840m，河宽30m，水深1.1~1.6m	分为煤码头、粮码头，配有专用仓库，码头工人约200人，吞吐量为200~300吨/日，约3000吨/月，最高可达6000吨/月
新安码头	河宽21m	有两个货场，码头紧靠民房，吞吐量约为1000吨/月
雄县码头	码头长264m，河宽42m，水深1.5m	码头紧靠道路、民房，吞吐量最高达2500吨/月
苑家口码头	码头长350m，河宽45.5m，水深1.7m	吞吐量约为6000吨/月，最高可达10800吨/月

资料来源：河北省地方志编纂委员会编，1992

津保内河航道上日益繁荣的新安镇。津保内河航道沿线的新安县，于民国初期与安州合并成立安新县，县治设在原安州城，新安县成为安州下辖镇——新安镇。在津保内河航道的带动下，安新县城依托北关码头得到了一定程度的发展，在民国时期设置了仅次于保定邮局的二等邮政局[①]。但实际上，安新县城设置二等邮政局，更多地是为了保障因津保内河航道重要码头——新安码头（又称新安镇东关码头）而繁荣起来的新安镇的需要。新安码头是白洋淀水路运输线路中的核心节点之一，而白洋淀又是津保内河航道之间起到组织来往船舶、辐射冀中全境的重要中间枢纽。"港汊辐辏、终古不涸"的新安镇近代依托新安码头，其商贸职能远远繁盛于安新县城。1928年，河北省政府建设厅对河北省重要的工商县、镇进行了调查，指出安新县全县除新安镇外，商号仅31家，

---

① 根据"施坚雅模式"，近代邮政局所等级是近代城镇区域经济中心等级的重要标识，在保定地区18座县城中，除保定城（即清苑县城）、定县城为一等局外，其余16座县城中，仅有5座设置有二等局，安新县城就是其中之一。

商业不振，成立的商会有名无实，没有会员，也就无常备经费。与之形成鲜明对比的是新安镇，新安镇依托新安码头，商贸发展迅速，全镇"……商号有四十八家之多，较全县几强一倍，其发达可知。计盐店一家、当铺一家、烧锅三家、钱铺一家、煤油行二家、布铺二家、杂货铺九家、酱园二家、斗店二家、面铺三家、煤厂五家、木厂三家、药铺八家、首饰楼一家。"①1917年，在新安镇小南街忠义祠成立"安新县新安镇商会"，也非常活跃，"……会员二十三人……每年总收入一千四百零二元七角八分，支出洋二千一百六十六元九角九分，不足之处，由各商号分担。成立商团，提倡苇业，整顿钱法，齐一斗秤……现复筹设商事公证处，对于商业之维护颇具热诚。"①在进入民国后，新安码头常常货物囤积如山以致无处堆放，往来商人客流每至集日热闹非凡。

津保内河航道支线上日益繁荣的白沟镇。 位于津保内河航道支线上的容城县与其下辖白沟镇的商贸强弱关系同安新县与其下辖的新安镇类似。受津保内河航运贸易的带动，容城县境内形成了以中部容城县城与东部白沟镇为双中心的商贸网络。容城县城共有大小店铺80多家，但大部分建于清朝，进入民国后有所增加，但次于白沟镇。白沟镇历史悠久，自汉朝起因芙蓉繁盛且伏于河面而称"白沟河"。白沟镇作为商贸市场早在三国时期就已经初步形成。到了辽宋对峙时期，白沟镇不仅是两国边境，更成了两国之间通商、通信的口岸与关卡，其商贸市场继续发展。元明清时期，白沟镇成为水陆交通并存的区域节点，从白沟镇通过津保内河航道可直入大运河，后永定河改道注入白沟河，充沛其水源，使得从渤海湾驶入内陆的船只甚至可以到达白沟镇。近代，随着津保内河航运走向巅峰，白沟镇市场也到了鼎盛时期，发展成了保定地区农副产品集散的重要中心，"金束鹿银蠡县，赶不上容城二里半"主要指的就是白沟镇，它甚至曾被誉为"燕南大都会"。近代白沟镇全镇有商号400多家，行业类型包括粮食、五金锡器、杂货、棉布、油漆颜料及饮食服务、油盐酱醋等，丰义钱粮行、义生煤厂、东来升布铺、兴盛瓷器店等具有一定规模的商号，不仅经营商品零售，还兼有批发业务。当代兴旺的商品包装业，也是兴起于这一时期。

4.4 小结："农业商品化"增强推动保定近代职能转型与产业垄断

沿着逐渐建成的中国近代最早上马的国家铁路干线项目——京汉铁路以及其他直隶/河北省国家铁路干、支线，起始于国内外市场对接促动的直隶/河北省"农业商品化"增强逐渐从通商口岸天津向直隶/河北省内陆蔓延。

保定在直隶/河北省近代"农业商品化"增强的进程中，作为京汉铁路与津保内河

---

① 见1928年河北省政府建设厅发布的《调查报告（第四编）工商》。

航道的交汇枢纽，成为直隶/河北省棉花产量最高的西河棉区以及小麦生产范围最广的西河麦区的北部中心，进而迎来了建立纺纱厂以及依托京汉铁路保定南关支线对接府河码头形成的水陆转运枢纽发展津保航运贸易两大近代实业发展机遇。但"农业商品化"增强同时推动了天津、石家庄等城市的崛起，保定在与日益崛起的天津争夺直隶省会、与石家庄争夺省办纺纱厂选址等竞争中失败，从而选择两大实业发展机遇中的后者，使得其近代城市主导职能从直隶省会逐渐转变为冀中农产商贸中心。冀中商贸中心职能的确立，一定程度上吸引了人力、机器等向保定聚集以支持其城市转运业、面粉工业等的发展。然而，新兴产业中显著的把头、官僚、军阀等的垄断，使得市场本就有限的新兴产业无法推动保定近代城市经济更大的升级，从而也未能给社会经济制度带来更加深刻的变化。

另外，保定的冀中农产商贸中心职能的确立还伴随着以保定城为中心的保定地区的近代城镇经济中心等级体系的变革：保定地区近代城镇经济中心等级体系从1899年京汉铁路开始运营以前的以行政等级为首要标准的金字塔结构趋于流动性更强、更加扁平的结构，中等城市与重要市镇数量增加，高阳县、新安镇、大沟镇等城镇因商贸经济得到快速发展而崛起。

第 5 章

地方官治改革国家示范推动保定近代城市变革

5.1 生态与战乱危机促动的保定近代官治改革国家示范

5.1.1 生态与战乱危机下的直隶省近代地方失序

19世纪中后期,是历史学界公认的"清末灾害群发期"的高峰时段(夏明方,1998),而此时的直隶省是这一"群发期"的全国自然灾害高发区之一。根据1875—1900年间自然灾害频次、类型的各省分布统计数据计算,直隶省年均受灾县数占全省总县数的42.9%,年均受灾类型数约为3.3(图5-1),分别位列全国21个省的第7位、第4位(张高臣,2010)。加上第二次鸦片战争以来,外国列强在直隶省的资本、文化输出,进一步激化了直隶省地方社会的不稳定因素,导致了直隶省清末战乱的频发,尤其是捻军、义和团两次大规模的农民运动,深度破坏了农业生产与社会秩序。这一生态危机导致的地方秩序紊乱现象在1900年后虽有减缓,但仍在持续。在这样的生态环境基础上,以义和团运动、"庚子国变"为导火索,国内外都开始强烈地要求清廷开展"新政",在基层,尤其是在内陆基层控制上开展切实的地方政治制度变革,以改变这一困境,以保护外国资本、传教士的安全,并保障国家富强运动的稳步推进(K. Stapleton,2000)。作为义和团运动中心以及畿辅重地的直隶省,自然成了这一清末地方政治制度改革的国家示范地,经警政、教育、经济等一系列地方官治制度改革,直隶省的地方政府秩序得以逐步恢复与转型。

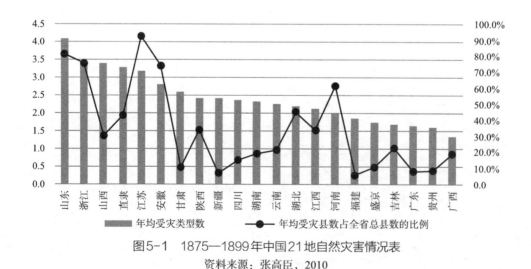

图5-1 1875—1899年中国21地自然灾害情况表
资料来源:张高臣,2010

保定府又是直隶省这一清末自然灾害高发区中的自然灾害频发区之一,"几乎无年不灾"。1840—1911年的71年间,保定府累计受灾324县次,县均受灾为20.25次,位列全省19个府、州的第6位。其中水灾最为突出,由于地处地势低洼的直隶省中部地区,保定府与河间府、顺天府、天津府共同构成了直隶省的清末水灾集中区（李红英，2000；胡欣，2017）。保定作为直隶省内陆行政与军事中心、首都南大门，常常成为农民运动、列强入侵、军阀混战的重点战争区域。因此，保定成为清末直隶省生态与战乱危机的集中区，地方秩序同样遭到严重破坏。加之"庚子国变"导致天津主权暂时丧失，19世纪末已常驻天津的直隶总督得以在20世纪的头两年暂驻保定，直隶省清末新政时期承担的地方官治制度改革国家示范得以在保定启动。在1902年天津主权回归，直隶总督再一次离开保定后，保定仍与天津一起在十余年的清末新政中，作为直隶省承担地方官治制度改革国家示范的两个推广中心。其中，警政、文教、农务三方面的地方官治制度改革国家示范与实践在保定尤为活跃。1902年，袁世凯禀奏清廷于保定先后创立了中国第一个得到中央政府认证的城市警局——保定警务局，中国第一个省级政府（新式）文教职能部门——直隶学校司，中国第一个发挥了实际作用的省级政府农业职能部门——直隶农务局（表5-1）。

保定清末城市官治制度国家示范实践类型、重要事件与依据文件　　表 5-1

实践类型	重要事件	依据文件
城市警政	1902年，袁世凯禀奏清廷创立中国近代第一个得到中央政府认证的城市警局——保定警务局； 1902年，袁世凯禀奏清廷颁布第一份城市警务管理章程《保定警务局暂行规条》	《直督袁奏仿西法创设保定警务总局并添设警务学堂章程折》①
城市新学	1902年，袁世凯禀奏清廷组建中国近代第一个省级政府（新式）文教职能部门——直隶学校司； 直隶学校司领导首创的各类新式学堂，如中国近代史上最早的正规陆军军校——保定军校，前身为中国最早的新学堂之一（蒙养学堂）——保师附小、前身为中国最早的地方大学（畿辅大学堂）——直隶高等学堂等	《奏覆筹办直隶学堂情形折》②；《直隶学校司暂行章程》③
农务研发与推广	1902年，袁世凯禀奏清廷组建中国近代第一个发挥了实际作用的省级政府农业职能部门——直隶农务局； 1902年，直隶农务局组织直隶农务学堂，附设农事试验场，1904年升级为中国第一所高等农业学校——直隶高等农业学堂； 1907年，直隶农务局组建中国近代第一个农会——直隶农务总会	《陈省城设农务总局、农事试作场折》④；《农工商部奏直隶保定设立农务总会请予立案并饬各省仿办折》⑤；《直隶农务总会实行试办章程》⑥

---

① 见1902年《袁世凯》。
② 台北故官博物院故官文献编辑委员会，1970：第559页。
③ 见1902年刊登于《选报》的《直隶学校司暂行章程》。
④ 见1970年《袁世凯奏折专辑（第三册）》。
⑤ 见1907年刊登于《东方杂志》的《农工商部奏直隶保定设立农务总会请予立案并饬各省仿办折》。
⑥ 见1906年刊登于《商务官报》的《直隶农务总会实行试办章程》。

5.1.2 保定近代地方政府职能自上而下的部门化扩张历程

由于城市是中国传统地方政府的驻地，清末自上而下在保定投入的众多地方官治制度改革国家示范首先在保定城市中集中推进。纵观保定清末城市官治制度改革，在清廷委任的直隶总督的引领下，自上而下地推动保定在警政、教育、经济、司法等方面的近代城市政府职能部门化改革，创建起与传统各级地方官署协作的各级各类地方政府新型职能部门，逐步深入最底层的县级行政单元，以"皇权下县"的形式，加强对基层社会的控制。这些部门在民国时期逐步完善、规范，最终形成了清苑县署下辖"四局"（即特种公安局、教育局、财政局以及建设局）的城市官治体制架构（图5-2）。

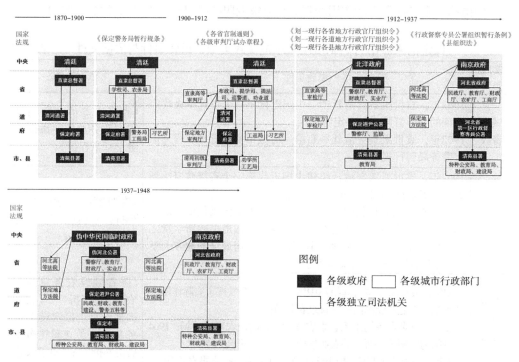

图5-2 "皇权下县"式的保定近代地方官治制度改革国家示范历程

到了1907年，在直隶省等地已有的实践经验的基础上，清廷颁布《各省官制通则》，明确了各级地方政府改革的主体架构，计划将清末新政前期直隶省等地探索创建的地方政府新型职能部门整合进原省、府、县三级地方政府。但受制于地方大员的权力聚集与官治制度改革的进程缓慢，在清末，虽然直隶省一级基本已按照该通则完成了新型省级政府的架构，但于保定府、清苑县创建的这些地方政府新型职能部门，包括保定工巡总局、保定工艺局、保定习艺所、清苑县劝学所等都还由清廷民政部或省级相关部门直接指挥，并未能整合进府署或县署。另外，该通则还规定各省按照各个地方的不同情况，分期设立各级司法部门，即高等审判厅、地方审判厅、初级审判厅等，以脱离地方政府，独立受理各项诉讼案件，正式将地方司法与行政分离在国家层面予以明确，这在清末的保定城市中也得到了一定的实施，创建了保定府地方审判厅与清苑县初级审判厅（表5-2）。

清末保定政府部门构成与职责概要　　　　　　表5-2

名称	成立时间	主要管理关系	主要职责
保定工巡总局（前警务局、工程局合并而来）	1904年	受省巡警道指挥	负责清苑县的户籍调查、公共卫生、社会秩序、城市建设以及相应的捐纳收支等事务； 指导保定府各州县警政创办与实践
清苑县劝学所	1906年	受省提学司指挥	以保定城为宣教中心，负责向整个清苑县推广新学
保定工艺局	1908年	受省劝业道指挥	推动清苑县习艺工厂建立
保定习艺所	1905年	直接隶属于清廷民政部警政司	收容被判处徒、流、军、遣各刑的罪犯，并强制其做工、习艺的场所
保定府地方审判厅与清苑县初级审判厅	1910年	受省提法司监督、管理、调度	清苑县初级审判厅接受自杖责等较轻刑罚案犯的案件审理以及涉案额度低于两百两银的民事案件； 保定府地方审判厅接受自监禁、流放至死刑案犯的案件审理以及涉案额度超过两百两银的民事案件； 各级审判厅附设检察厅

资料来源：金良骥 等，1968

清末《各省官制通则》拟将一众地方政府新型职能部门统一整合进各级地方官署的计划在民国时期逐步得以实现并改进。其间，在中央、省与地方基层之间过渡衔接的道、府一级行政架构逐渐成为从省级政府承接命令，向下履行传达、监管职责的"传话人"，道、府一级政府的行政实权逐渐趋于弱化，简化事权层级，从而进一步加强中央对地方的控制，而这一改革在保定也得到了实施，清末于保定府、清苑县成立的各地方政府新型职能部门，在民国时期简化为"四局"（包括教育局、财政局、建设局与特种公安局），并集中设于清苑县一级政府之中，直接受省级相关部门领导（表5-3、图5-3）。

民国时期清苑县政府构成表　　　　表 5-3

架构	职能概述	选拔任命
县长	处理全县政务，监督地方自治事务	由省政府任命
财务局	掌征税、募债，管理公产及其他地方财政事宜	由省财政厅任命
教育局	掌管学校、图书馆、博物馆及民众教育等相关文化事项	由省教育厅任命
建设局	掌管土地、森林、水利、道路、桥梁工程等公共事业	由省建设厅任命
特种公安局	掌管司法、卫生、侦缉、消防、保安、巡逻等事务	由省公安厅任命

资料来源：金良骥 等，1968

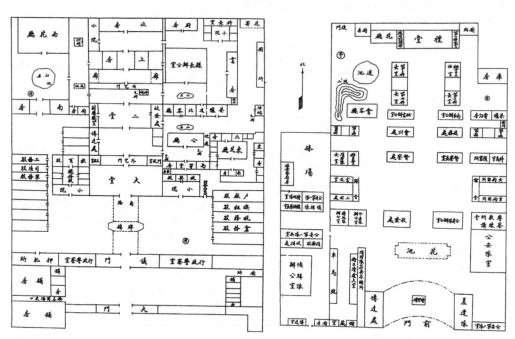

图 5-3　民国时期清苑县行政公署（左）与保定公安局（右）全图
图片来源：金良骥 等，1968

5.2 保定清末城市警政示范与绅治替代

5.2.1 保定清代城市治理的基本形态

中国近代城市市政史研究的开创者之——K. Stapleton（2000）指出，虽然清代各省城容纳了等级众多、职能繁杂的政府官员，但却几乎没有官方的城市管理，各级政府均是延申国家统治而存在。清代城市政府仅通过知县雇佣来的差役加上"保甲制度"来对城市公共秩序的维护施加有限的强制性，维护城市秩序的底线。多数时候则是依靠非行政属性的教化与习俗来实现：前者是以儒家经典和传统的帝制观念为根本，引导社会思想，鼓励社会来承担更多的城市公共事务，例如鼓励既有弱势社会团体掌管一些城市日常工作，并将捐赠专款交由他们处置，授予官方批文，又如地方官员亲自为支持、兴办慈善事业的社会人士或组织写一块嘉奖牌匾等；后者是通过惯例、习俗来约束城市社会的行为规范，作为国家法律制度外的补充。在这一过程中，作为地方儒学权威的士绅阶层成为重要角色。

近代以前的保定城市治理与清代的众多省城一样，虽然全面容纳了省、道、府、县四级官署以及其他各级各类繁杂的官署、衙门，但却几乎没有官方的城市管理（城市政府主要涉足税收、征兵、刑狱等事务），除了维护地方治安的临时政府雇员——衙役代表县衙履行一定的城市管理职责外，更多的城市管理事务主要通过教化、保甲的方式，依靠以士绅为核心的社会来实现（表5-4）。

清苑县近代以前的职官构成　　表5-4

架构		职能概述	选拔任命	政府经费
县衙	知县	正七品，"掌一县治理……靡所不综"	国家任命	国家支付
	县丞、主簿、典史	分别负责征收赋税、查核户口信息与察捕、关押罪犯等行政事务以及管理县署的粮食、马匹等物资	国家任命	国家支付
	巡检	从九品，设于紧要关隘处，掌缉捕盗贼	国家任命	国家支付
	教谕、训导	分别为正八品、从八品，主要负责当地的科举考试	国家任命	国家支付
胥吏、杂役		胥吏和杂役是在县衙中办理文书以及从事各种差役的非正式小官	县府任命	无
乡保		乡保分管乡里杂务	县府任命	无

资料来源：金良骥 等，1968

5.2.2　从湖南保卫局到保定工巡局的发展——警局对绅治的替代

作为畿辅重地的直隶省，在生态与战乱危机下，传统的绅治与保甲制度已积弊甚深，1902年，保定城市警政创办国家示范就此应运而生（图5-4）。时任直隶总督袁世凯认为，此时的直隶省传统地方治理"防盗不足，扰民有余"，迫切需要进行改革。因而，提出仿照"西法"，在清末新政的领导下，于保定创办警政制度，成为中央对直隶省乃至全国各地方的控制力加强的起点[①]。保定警政经过数月的实践后颇具成效，得到清廷的赞许与肯定，清廷颁布正式谕令，命令各省仿照保定示范创办的警政制度办理各地警政，并且"不准视为缓图，因循不办"[②]。

---

① 见1902年《袁世凯》。
② 见《光绪朝东华录》（第5册）。

图 5-4 清末保定警务局（后改组为保定工巡局）
资料来源：保定市人民政府地名办公室，1984

在中国近代城市警政的探索历程中，体现出逐步扩张地方政府职能，替代士绅在维护地方秩序中的核心作用的变革线索（图5-5）。早在保定警务局成立之前，中国近代警政就在地方官僚的自主探索下出现了萌芽。1898年，维新派代表人物、时任湖南按察使黄遵宪在湖南创办的存在不到半年的湖南保卫局（不久后改为湖南保甲局）就是这些萌芽中的起点与代表。湖南保卫局是中国第一个近代意义上的警局，作为地方传统绅治与保甲制度向现代警政转型的过渡，表现出显著的官绅结合特征。除最高长官——总办由省司道级官员兼任外，其他机构人事架构拥有两套体系：一是由官僚推荐、选举的，负责侦破案件、司法审判、安置犯人的政府官员体系；二是由士绅推荐、选举的，负责保卫局收支、资产、总务、后勤以及招募巡丁、差役的士绅体系。相比之下，保定警务局作为中国近代第一个得到中央政府（清廷）认证的城市警局，除了"由委员会同地方官责令村长举

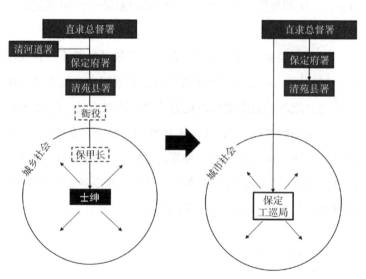

图 5-5 保定清末城市工巡局对传统城市治理核心的替代

保"巡兵外，整个架构均由地方官控制，绅治属性几乎弱化殆尽。保定工巡局不但由直隶总督领导创建，而且在清末大部分时间里都直接受直隶总督所统辖，并与县级官衙协作管理地方秩序（表5-5）。

湖南保卫局与保定工巡局的属性与架构对比　　　　表5-5

名称	湖南保卫局	保定工巡局
标志性	中国第一个近代意义上的警局	中国第一个得到国家认证的近代警局
领导人物	维新派、湖南按察使黄遵宪	直隶总督袁世凯
创立时间	1898年	1902年
机构属性	官绅合办的地方政府临时机构	官治统辖的地方政府职能部门
基本架构	省司道级官员兼任总办的领导下拥有官、绅两套人事体系	除了"由委员会同地方官责令村长举保"巡兵外，整个架构均由地方官控制

资料来源：韩延龙 等，1993：第36–40页；附录D

作为官治统辖的城市警局，保定警务局（后发展为保定工巡局）呈现出明显的官僚科层化架构。保定警务局设"一总局，五分局"，总局内设总办1名，由国家正式颁发关防，除履行警政事务外，还承担监督学堂创办的事项，总办以外还设置其他正式编制职员10余名，其中针对城市公共卫生特别专设卫生管理委员、城市清洁委员各1名。将保定划分为五个警区（依次为城内西南象限、城内东南象限、城外四关、城内东北象限、城内西北象限），分别设置分局。1904年，与工程局合并，成立保定工巡总局，在"一总局，五分局"的基本框架下，进一步"分科治事"，并基于《保定警务局暂行规条》，细化出台《保定工巡总局员弁职守》①《保定工巡总局员弁月支薪水银数表》②，在原总局中的总办、提调之下改组设置书记科、支应科、民事三所（民事所、刑事所、检事所）、探访局、补习学堂以及稽查、暗查、医官等专设职员。总局之下原设分局五所，增至六所，将原属于第三警区的东关、南关地区单设一区。另外，总局之下还设置了合并进来的保定工程局，局内总办、提调下设负责工程建设的监工科、负责街道卫生、交通、治安等的街道科以及筹备以上两科所需资金的房捐、灯捐、铺捐、车捐、船捐等各捐科室。1907年，又添设消防队，出台《保定消防队救火守则》③，与保定城内水会、火会等传统民间消防组织协作共事。民事三所（民事所、刑事所、检事所）在1908年保定地方审判厅与清苑县初级审判厅成立之后裁撤（图5-6）。

---

① 见《北洋公牍类纂·卷七·警察一》。
② 同上。
③ 见《北洋官报》第1468册。

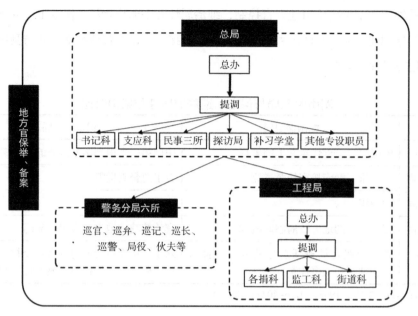

图 5-6　保定清末城市工巡局的科层化体制

保定警务局在完善的官僚科层化体制架构上，相应地建立了层级化的薪酬体系以及形象规范准则，以避免百姓将警察与清末那些没有固定收入而鱼肉百姓的基层胥吏、杂役等同起来，并明确了对巡警受贿的严厉禁止。《保定警务局暂行规条》明确："总办月支薪水银100两，公费150两，提调兼发审委员支银40两，正文案委员月支银36两，副文案委员月支银20两，收支委员月支银24两，考功委员月支银24两，卫生委员月支银24两，除秽委员月支银24两，巡官五员，每员支银36两，巡弁五员，每员月支银24两，巡记五员，每员月支银12两，巡长二十名，每名支银12两5钱，正巡目四十名，每名月支银5两4钱，副巡目四十名，每名月支银4两8钱，巡兵三百二十名，每名月饷银4两2钱，五分局每局十八名，每名月饷银3两6钱，伙夫共四十名，每名月饷银3两，以上均照湘平开支。"同时，达到一定的工作考核标准，还"准免差徭三十亩"，并在多处强调"事后不得索谢分文"。其后在《保定工巡总局员弁月支薪水银数表》中得到进一步细化明确。作为清末地方秩序重建的起点，警政的创建肩负着挽回政府形象的重任，并作为警政实践的重要前提之一，对巡警的性情、长相、履历以及执法衣着、行为等都进行了详尽的规范（图5-7）。在招募条件上，《保定警务局暂行规条》明确："……必系确实土著，均有家属……性情和平朴实耐劳者始可胜任。"它提出了六条挑选标准：年龄须在20～35岁之间；身材不得少于4尺8寸（以工部营造尺寸单位计量）；能够识得一些文字者为宜；能够清晰填写三代人住址与指纹信息为宜；五官端正、谈吐清晰者为宜；身强体壮，没有残废以及慢性病为宜。禁止以下人员求职巡兵：曾有犯罪、刑罚等案底的人；吸食鸦片等毒品，或好酗酒妄为的人；负有沉重债务的人；性情过于暴躁的人；当兵被革职清退的人。对于巡警执法的着装、行为尤为重视，在《保定警务局暂行规条》中"职守"一章的第一条就明确提出："警务人员无论官职大小必须举止端方作为严正。"首先，有专门的政府经费用于购置"号衣、皮带、布鞋帽、包巾、油鞋、雨衣、皮棉夹单各衣……"还规定要定时更新巡警制服以保形象："发给巡长、巡目、巡兵衣物，限制每年号衣2套、布鞋2双、皮鞋1双、雨衣3年1套、油鞋1双、皮衣3年1件、每年换面1次。"严明着装纪律，规定：值班时未按规定完整着装的巡兵罚月薪的1/5；值班时未持警械的长、目、兵，罚月薪的3/10；利用公物肆意打人的，根据情节轻重分别责罚。更重要的是，详尽规范了巡警在公共场所站街、巡街时的形象："站街应在指派之地随时留心查看一切情形，非奉该管官命令不得擅离，如遇大雪大雨准其避立檐下；巡街应在所管界内往来巡行，不准坐卧及买食零物……"其后，更是出台了《保定警务局站岗规矩》《保定警务局巡逻规矩》等。

图 5-7　清末保定工巡总局弁兵
资料来源：保定直隶总督署博物馆展览

5.3　保定近代城市警政的实践

5.3.1　保定清末警政的示范地位以及与通商口岸城市警政的差异

袁世凯从1902年起在保定开展的警政示范得到清廷的认同后，改变了20世纪初期各地军警混淆的局面，正式开启了中国近代警政的规范化建立。山东、四川等省纷纷派员到直隶省的警察学堂学习、取经，并多以各省省城为起点创办警政。在1906年清廷巡警部成立后，基于以保定为起点的直隶等省的警政示范实践，推动各地警政进一步规范、统一，清末各省城警政建设虽然在创办时间、规模大小以及成效优良方面有较大差异，但基本架构与职权大同小异。各地多以清末全国各界公认实践成效最为出色的保定警政为蓝本进行创办。即便是作为通商口岸城市的上海在这一时期官办的上海巡警总局，虽是近代早期官治、自治探索创办的保甲局、工程局下辖巡捕房等的延续，但仍主要是响应清廷巡警部，效仿直隶省示范实践创办。然而，在这一时期，以上海为代表的通商口岸城市的城市警政实践与以保定为代表的内陆城市的城市警政实践仍存在明显的不同：上海警政的创办虽效仿直隶省，但其根本目的是为抵御租界扩张，维护华界主权，因而在实践过程中体现出鲜明的华洋警务互动特征，如华洋警察协同禁烟，或华界警察抵制租界越界筑路，维护华界警权、征税权等；而保定创办警政的目的是为替代业已腐朽的传统地方治理制度，以重塑地方社会秩序，因此更加追求面向社会秩序维护的各个方面的全面建构（表5-6）。

保定工巡局与上海巡警总局的联系与差异　　　　表5-6

名称	保定工巡局	上海巡警总局
创立时间	1902年	1907年
创办过程	国家权臣领导创办	延续近代早期的官治、自治探索，响应清廷巡警部，效仿直隶创办
实践目标	替代业已腐朽的传统地方治理制度，重塑地方社会秩序	抵御租界扩张，维护华界主权
实践特征	更加追求面向社会秩序维护各个方面实践的全面建构	体现出鲜明的华洋警务互动特征

资料来源：王祎茗，2013；上海市公安局史志办公室，2014；附录D

因此，保定工巡局依托完善的官僚科层化体制，全面扩张了政府的日常职责，成为保定近代城市治理最为活跃的所在。《保定警务局暂行规条》规定："警察入手以清查户口为先……清理街面保卫人民是其专责……凡有关于道路桥梁、沟渠急宜察看者开列如左：凡桥梁朽毁应即补修者；泼水扫雪除秽一切净街之法未能周备者；商活堆积或小货摊妨碍道路者；车马驰骤损坏道路并搬运重物货妨碍人行者；设有标记禁止通行之处仍有人通行者；投弃瓦砾灰土及污物于道上者；稚子幼女登栏攀壁疾逐河边为诸危险之戏者；聚市剧场喧哗争斗或剪绺者。"对比清代知县主要应负的15项地方治理职责（"招徕流亡""开垦荒芜""巡行阡陌""教民树艺""稽核户口""均平赋税""轻省徭役""驱除盗贼""抑制豪强""禁戢衙蠹""赈恤灾患""救济孤寡""修浚城池""平治桥梁""兴举学校"）①，私产建设管理、公共卫生管理、就业引导与监管、商业管理、消防管理、公共交通管理、民风管理等通过保定工巡局的建立而被纳入了保定近代城市政府的常规行政事务中。

---

① 见1946年《严饬官箴疏》。

5.3.2 保定清末城市警政的广泛实践

保定工巡局的职责以户口清查为先导,涉及公共卫生维护、社会秩序管理与城市建设管制等广泛的事务,远远超过了传统城市政府的职责(附录D)。虽然清末保定户口清查进行得并不顺利,但这并没有耽误保定清末警政在公共卫生维护、社会秩序管理与城市建设管制等方面的活跃实践。这样急剧的地方政府实践扩张却得到了保定社会各界的广泛赞许,呈现出街道清洁,秩序井然,"有夜不闭户之风云"①的景象,这对常年经历战争、灾害的保定近代城市居民可谓难得的欣慰。

1. 公共卫生维护

作为西方现代城市规划之起源的现代公共卫生管理,其产生的背景是通风不良、污秽淤积的城市环境作为疫情危机的直接原因已成为社会共识。现代公共卫生管理在近代中国的产生虽然也受到了疫情危机的推动,但更多的是一种社会进步的象征。在传统的中国,知县的职责并不涉及公共卫生,城市公共卫生维护主要依靠传统设施与民间自发组织(彭海雄,2019),即便到了19世纪末,全国之首善——京师、江南富庶地区的城市、已通商开埠的天津等②,其城市公共卫生仍甚为混乱。鸦片战争后国门大开,19世纪中后期出现的西方现代城市公共卫生管理随着传教士的到来以及租界的开辟而在天津等中国近代开埠城市开始实践,同时也有不少中国开明之士开始对城市公共卫生问题进行讨论③,但城市公共卫生问题还没有得到政府与社会的广泛关注(R. Rogaski,2004)。

京师、天津的城市公共卫生都是如此,19世纪末的保定城市公共卫生更可想而知。1900年为转折点,在清末新政的推动下,袁世凯等官员效仿西法,将清理街道等城市公共卫生维护作为得到国家认可的保定警政的"第一要",进行示范实践。就此,公共卫生在中国近代地方城市政府事务中的地位得以明显的提升。保定清末警政的众多职责中,唯独针对卫生、除秽专门在总局中设置了专员,公共卫生维护实践主要涉及日常街道清洁与维护管理、除秽车纳税与通行管理、旅店卫生整治、疫情预防与饮水维护等。

"卫生之道首重除秽,是以前经示喻乡人均准用车入城扫取,大车每辆仅收捐京钱二百,小车收捐六十,并由本局派车分投扫除在案,近因天气炎热,除秽尤宜加勤,特出示晓喻凡有拉粪大小车捐概免两月,以示格外体恤……而保卫生,所有该车夫工食一

---

① 见1902年《大公报(天津版)》。
② 见刊登于《新学界丛编》《论中国宜讲求洁净地面之政》。
③ 见1894年《盛世危言》。

切均由本局发给,不准分文取之于民,倘有藉端需索,即行指名禀控以便拿究,该住户人等亦不得任意存储听其污秽致伤公益,合行晓喻一体知照特示。"①

"安民之道首重养民,而养民之道尤在卫生,查井水为日用所必需,现在时令不正,各街井水久未淘挖,深恐藏垢纳污致生病疫,殊于卫生有碍,合行出示晓谕为此示仰各街井户人等,务将各段井水限五日内一律自行淘刷净尽,不得敷衍了事,工竣即将办理情形呈报该管分局就近查验,倘敢逾违一经查出,即行派人看守不准卖水,除勒令重行淘挖外,该井户人等一并严惩不贷,其各懔遵勿违切切特示。"②

保定清末警政在公共卫生方面更有成效的实践体现在其在1911年席卷东北、华北等地的疫情中所起到的重要作用上。据保定知府延龄主编的《直隶省城办理临时防疫纪实》记载,1910年末,保定疫情爆发之初,城内未有专门的卫生防疫机构,保定工巡局承担起了城乡防疫的主要职责。1911年2月,官绅组织的保定临时防疫会正式改组为政府机构,即保定"临时防疫局",保定工巡局局长崔延魁任临时防疫局副局长(保定府知府延龄充任局长,清苑县知县吕调元为提调),可见保定工巡局在防疫事务中的重要作用。保定城内东西南北中各区巡警局与临时防疫局所派的调查员、医官密切配合,调查、处理所管辖区内的疫情,并由工巡局每日将防疫情况汇总上报防疫局,如:"南区警局报告,南关第三街乞人王元立,偶患心乱头疼,跌倒在路。当经西医王九德查验,业由商董询悉,实因饥寒所致,已酦资遣去矣。"

2. 社会秩序管理

保定清末警政在社会秩序方面的实践更是十分广泛,在本研究从晚清期刊全文数据库中收集的《北洋官报》上刊载的90余条保定工巡总局告示中,有近70%是关于社会秩序的告示,包含民风、交通、商业、安全、消防等多方面的社会公共秩序管理的实践。

其中,民风管理实践最多,旨在打击社会中过于广泛的鸦片吸食、赌博、迷信、卖淫等活动,以推进社会的所谓"文明化"进程。民风管理实践中,对传统社会中处于弱势地位的妇女给予了重点关注,除了禁止妇女参加迷信活动外,更是专门出台了引导、保护进城就业妇女的《管理女仆待雇所章程》,其主要目的是打击"逼良为娼"的非"文明化"行为。但基层政府如此大规模的扩张需要面对直隶省本身就十分捉襟见肘的财政情况,使得保定清末警政在打击能提供可观税源且具有深厚社会基础的烟业与乐业的过程中,不得不采取渐进性或者折中性措施,如发放吸户牌照,在控制烟业发展的同时

---

① 见1906年《北洋官报》"本省近事:保定工巡局告示:为出示晓谕事照得卫生之道……"
② 见1907年《北洋官报》"文告录要:保定工巡总局告示:为出示晓谕事照得安民之道首重养民而养民之要……"

监督吸户逐渐戒烟，颁布《保定济良教育所大概章程》《保定济良教育所女学生择配规则》，为乐业开辟专门经营区，设置济良所，进行集中管理，并逐渐引导从良。

警政对商业的管理实践，是保定清末城市空间管制的主要方面，其中商业分区、集中布局带有一定的城市规划色彩。在传统保定城内的商业发展中，虽也自发形成了较为集中的商业街，如围绕城市中部大慈阁、衙署等自发形成的街市，但除此之外，更多的商业仍是散落于城中或城关各交通要道处，不但影响保定日益繁忙的交通，更不便管理，被视为社会无序的一种重要表现。进而，商业的分区布局与集中管理成为保定清末警政实践中商业管理的主要内容，除了前述对乐业的强制集中布局管理外，还为散落于城中各处的故物业、柴草业开辟专门的经营区域，进行集中布局管理。

"东西各国售卖故物皆有专区用，能街市整齐，商民称便。保定省城旧货各摊向无指定处所，率在各铺门首暨官道两旁排列，殊于交通，有碍本总局体察，与情择定紫河套地方，建设故物售卖地一区……派员购买料兴工平垫地基，挖修暗沟。该场厕所亦经加修墙垣，亦于东西街口添盖牌坊二座，以壮观瞻，均由本局筹款备办……"①

"保定城售卖柴草人等多将柴担任意停放街冲，既不便于交通愈形夫污秽实于路政大有关碍，本总局现将停放柴草之区分别择定城内在三皇庙街南、白衣庵前、石柱街南、大坑箭道等处，城外在西关永宁寺前、南关南阁外、东关八蜡庙东边北大寺前，均立有停放柴草场木牌……"②

3. 城市建设管制

相比于公共卫生与社会秩序方面的广泛实践，保定清末警政在城市建设方面的实践所体现出来的活跃度并不突出，大多属于对公共设施、景观的建设以及对公共财产的处置。实践的过程中，除了有专门的官方机构，即保定工巡局下辖的工程局，与传统城市公共建设的机制基本一致，都是由官方发起、倡导，由地方士绅、商民捐款以推动这些实践。保定工巡局也对涉公私产进行了少量的管制，即因拓展马路，或恢复官道而强制退让私房边界的警政实践。

"据一局禀称阜局所辖段内唐家胡同路西第一百零五号门牌民宅一所，本月十三日忽然坍塌，次日该业主兴工挖清墙角意在原拆原盖，卑职亲往查勘，该处马路乡系窄狭，甚觉有碍交通，当即遵照前议商之，该业主令将原地退后一尺五寸，彼马路稍可展宽，旋据该业主巡警学员闵德培慨允遵办，遂将原主墙脚挪修退后一尺五寸，覆勘无异，拟请谕示奖励等情，据此查该业主闵德培因公让地，彼利逊行具微，见义勇为，深

---

① 保定工巡总局牌示"为出示晓谕事照得东西各国售卖故物皆有专区用"。
② 保定工巡总局牌示"为出示晓谕事照得保定城关售卖柴草人等"。

勘嘉尚，除禀批示外，合亟县牌示彼众周知，以资观感而昭激劝特示。"①

"……保定省城人烟辐辏，民房多侵占官街，以致车马往来每至马路窄狭之处，最易拥塞，若不设法整顿，殊碍公安，惟是相沿既久，奏令业主折让不但舆情未洽，即本总局亦断不出此不情之举，第以路政所在不容缓，图再四筹维总，期于民无扰，于路无碍，不失保全安宁之意，方可推行尽利。现以仿照山东全省巡警局修建章程，刊定式票，划分不碍官路暨兴官路，相接两等办法，业经禀蒙：督宪批准在案，嗣后无论大街小巷，凡有改修房屋之家，应先报告该管分局，就近勘式该房坐落地基，核与官路是否相连，考查明确，实系有碍官路，即同该业主将退后尺寸妥为商定，再行给予票照，彼令工作如所查前后地基，确与官路无碍，立由分局禀请给照，准其修盖，惟官路界线不得侵占丝毫，统令于工竣后，仍将票照呈交，听候覆验，至于本局发给票照，原慎重民事起见，并不索取分文，此外零碎修理但非落地重修大宗工程，均听业主自便，不在此例，除传饬各分局查照……"②

在城市建设实践中，还有一点特别值得注意：1907年，《保定莲池游览章程》颁布，将莲池开辟为公共游览之所，"公园"的概念在保定第一次出现，规章中明确了莲池游览管理的机构配置、门票制度以及对游客行为的规范与相应的赏罚规定。

5.3.3 京汉铁路竣工后的保定近代城市警政改良

在1906年京汉铁路竣工后，保定城市新空间——西关、南关开始大量地聚集学生、商人等流动人口，促进了保定城市警政制度的进一步深化。1906—1908年间集中颁布了一系列官方规则。到了民国时期，还针对重点地区，进一步完善了警局体制架构，从而进一步增强了保定近代城市警政的效能。

1. 京汉铁路竣工后的保定近代城市警政规章出台

旅店管理的警政规章。面对京汉铁路通车后"水陆交冲、五方杂处、人类众多、良莠不齐，诚恐有宵小之徒混迹其间"③的保定，于1906年颁布了管理流动人口的《保定警务局管理旅店法》等规章。在《保定警务局管理旅店法》的全部十四条中，除前四条是关于旅店卫生、营业登记等基本营业信息管理的条规外，其余十条均为对流动人口的管理条规。制定统一、规范的旅客登记信息制度，规定"每晚十点钟前，送该管警局查

---

① 保定工巡总局牌示"为牌示案照光绪三十四年二月十九日"。
② 保定工巡总局告示"为出示晓谕事照得东西各国讲求内治首重交通……"。
③ 保定工巡总局牌示"为出示晓谕事照得省城地方水陆交冲、五方杂处"。

考"①，并对携带妇女幼童、军械以及违禁品、货物等的旅客分别制定管理条规，尤其对入住旅店的外国人专门制定了两条规定，在警惕的同时，又示以优待。

"东西各国警察章程于旅店一端，罔不设法管理以便行旅而重卫生，查保定为九省通衢官商往来络绎不绝，现直风气开通之日，凡属旅店宜设法改良力袪从前之固陋……为此示仰店户人等一体知悉，自示之后凡各店房屋均限半月以内一律裱糊整齐，具报该管分局勘验，必期窗明几净，床榻齐全，使游子既博偃息之欢，而东遣亦彰文明之誉，倘因陋就简，玩延逾限不能实力奉行，一经查出定即传究不贷切切特示。"②

"……十一、外国人来住店时，须询明来历，有无护照？系何国人？由何处来？作何事业？所带何物？随从几人？又无银钱、军械？即时等级店册，禀报该管警局；十二、凡洋商、教士及游历洋员住店时，即时报局以便保护，店主亦应格外留意，以示优待……"③

人力车管理的警政规章。在1923年的一篇关于保定城市市政空间现状的概要中描述到，京汉铁路进一步提升了保定城市区域交通的便利程度（距离京师仅360里，约合4个小时火车车程），加之保定相对于京津在物价上的低廉（保定人力车单价约每一里3~4枚铜元），城内空间与诸多清代省城（如苏州）一样，道路狭窄只能通行一辆人力车（两辆汽车在清末保定城最宽的街道都错不开），城市人口日益增多，往来于城关火车站、码头与城内的以人力车为主的通勤量亦日益增多④。因而，人力车的通行管理成为保定近代城市警政的重点。早在1908年出台的《管理人力车规则情形文附规则》就成了保定这一近代城市警政实践的起点。规则指出："……人力车机轴灵便，往来迅速，洵属便于行人，唯此项车夫每于街道宽窄与夫，人烟疏密，不多加检点，图快狂奔，万一失手最易滋生事端……"因而，此规则对车轴的防护、车夫的号坎穿戴、野外打灯、时速管理、通行避让、车夫品行等进行了全面的规定，一定程度上提升了保定人力车的秩序⑤。

消防管理的警政规章。京汉铁路也推动城关地区城市建成区的快速拓展，而自由、密集的城关空间形态同时也带来了更大的火灾威胁。在袁世凯创办保定警政之初，就预见性地提出了后续组建消防队的必要性。1905年发生于保定西关十字街南路西利生杂货店的大火，造成八家邻里约合九十余间房屋以及房内货物付之一炬，显示出了传统民间火会、水会在快速城市建设面前，预灾、救灾能力的不足。这加快了消防队的组建速度，1907年，《保定消防队救火守则》出台。消防队的行动很注意与传统民间火会、水

---

① 见2014年《保定警务局管理旅店法》。
② 见1906年《北洋官报》"本省近事：保定工巡总局告示：为出示晓谕事照得……"
③ 见2014年《保定警务局管理旅店法》。
④ 见1923年，刊登于《道路月刊》的《调查：保定市政之现状》。
⑤ 见1908年《北洋官报》"公牍录要：保定工巡总局通饬管理人力车规则情形文附规则"。

会①的协作，此守则的各项条文"参酌水会章程拟定，大致相同"，主要对消防队参与火会祭祀，认可水会传统规程并协作救火等事宜进行了规定。

"本城火会分设四街，系为遇事期易号召就近赴援，本局消防所居之地亦殊便利，遇有火患应即出队，前往与各火会齐心协力一同扑救，不得稍有退缩致误事机；本城火会规则，每逢春秋两季，祀神酬劳，并邀请外会到会以期互相联络、劝诫，本队应一体认可，届时遣人赴会，饮福以示亲密；一本城水会遇灾站井，如有数龙并出，常有一会而站两井者，灾场附近井多固无不可，井少之处致后来者势必无井可站，水会定章，灾场井少有一会而站两井者，应分出一井以供他街之用，违者议罚，本队同为救火义举自应认可……水会均为救灾视同一家不分彼此，唯力是视遇水龙得力之时，无论何会，水桶均宜往助，不得坐视致令乏水，违者议罚，立法者甚善，本队应一体认可……本队与水会同办一事，彼此均应和衷共济，不得小有龃龉，倘会中与队中有争论之事，会长与队长均应肌理弹压，不得当场评理，会中人与队中人或有吃亏之处，可于出场后同商办理；一本队事务统由指挥官调度，如队中之事有与各会不甚相宜应变通者，各会善长可随时与本队指挥官商量办理……无论会中人对本队无礼，或队中人对水会无礼，彼此一经知照，即应惩办，不得袒护致生猜疑……"②

2. 京汉铁路竣工后的保定城市警政架构完善

早在1898年京汉铁路开工建设之初，就设置了督办总文案来掌管京汉铁路修建沿线的全线警务。1906年，京汉铁路全线竣工，随之开始在京汉铁路北段，即北京至顺德段试办铁路巡警，于保定设置京保总巡官一名。

"京汉铁路工程已竣，直督袁宫保以路政发达，在能保卫商旅，此路已分派防军驻扎，似不如改设巡警较为得力。铁路北段自顺德至保定一带向用淮军马队分驻扎，现拟撤去，另调天津、保定之警兵若干，专资保护。刻闻计划已定，由京至保定，由保定至正定，由正定至顺德，分三大段，每段复分八区，每段立一总局，则设之于保定、正定、顺德三府，每区各立分局设巡官一员、巡弁二员，计在直境之铁路计长十里有奇，共分二十四区，每区管三十里路上下，属下警兵自五六十名至百名不等，统计应设巡警兵队大约须有二千名云。"③

根据京汉铁路北段铁路巡警试办的成果，1907年，《京汉铁路巡警章程》正式出台，其后，清廷邮传部提出，原京汉铁路沿线铁路弹压巡勇统一改为铁路巡警。1910年6月，将京汉铁路划为三大段，下辖驻所共计41处。1912年，改三大段为三总段：第一

---

① 保定市政协文史资料委员会编，1985：第202-205页。
② 见1907年刊登于《北洋官报》的《要件：保定消防队救火规则》。
③ 见1905年刊登于《山东官报》的《各省新闻：京汉铁路北段巡警之计划》。

总段为京师至顺德，总段巡警驻所设置在保定；第二总段为顺德至郾城；第三总段为郾城至汉口。第一总段设总巡官三名，其下又分为第一、第二、第三分段，治所分设于京师、保定城、石家庄火车站。1914年4月，总巡官改制为总段长，分巡官改制为分段长（保定通史编纂委员会，2019）。

另外，到了民国时期，在原有保定警务分局以下，于保定西关、南关的重要节点——火车站西、学校聚集的西下关街、南关水陆码头所在地舟止舫头街设置直辖于总局的分驻所，也进一步加强了对城关社会秩序的维护。

5.4 保定近代城市新学兴办与传统士绅转型

5.4.1 保定清末城市新学示范与对士绅的关照

保定作为两百年直隶省首府，城中聚集了众多士绅群体，有退出清廷后定居于此的旧官僚，有准备进京赶考而在莲池书院进修的举人、秀才，还有依附于保定各级官府的幕僚等。随着前述近代城市警政的创办与实践，保定城中的士绅群体逐步失去了在地方社会秩序维护中的核心地位，作为保定近代城市中的重要群体，他们的社会角色通过新学兴办而迎来转型。

早在洋务运动时期，吴汝纶、张裕钊在莲池书院进行的十余年中西学融合探索，不但培养出了众多开明士人，更为保定奠定了新式文教的社会风气。加之在1900年清廷与列强签订的《辛丑条约》的不平等要求下，保定府成了46处五年惩戒性科举暂停的府县之一，随之在保开展的地方文教改革国家示范，很快得到了保定士绅群体的接纳。1902年，在保定设立了我国最早的省级新学行政机构——直隶学校司，标志着保定清末地方文教改革国家示范的启动。以官办为主导，新式学堂迅速发展，仅过三年，保定城内就已有各级、各式新式学堂28座，其中官办18座，约占64%（表5-7）。经费来源除了正规的政府拨款外，各级官员常常自掏腰包，大力资助保定城内的新学兴办，例如清末新政开始之初，袁世凯就捐银两万两以办学，直隶布政使增韫筹款创办直隶通省女学堂，调任奉天后，仍不断汇款至保定支持办学。此时，保定被誉为"北洋学界之中心点"，进而吸引了社会各界参与保定的新学兴办：一类是公立，即社会组织创办，同乡组织创办如于中州会馆内创办的"中州公立高等小学堂"，于山东会馆中创立的"山东公立高等小学堂"等，革命组织创办如同盟会会员陈兆雯创办的"私立育德中学"，西方教会创办如保定的基督教公理会创办的学校等；另一类是私立，即私人创办，如地方士绅王照、宗君彝创办的"字母学堂""私立法文学社"等。清末保定众多官办新式学堂的招生，鲜明地体现出了对当地传统士绅群体转型的重点关注。既非常重视对本地生源的保护，更考虑到了不同年龄、不同功名、不同身份的当地士绅的需求，如：直隶法政学堂主要招收45岁以下本省候补人员，每年招收120人，外省招生须通过遴选，并且名额较少；保定医学堂专收本籍学生，"年二十，聪明过人学力兼人者"，不收学费，而外籍学生必须缴纳学费；直隶师范学堂从全省举人、秀才中考选600人，外省仅选山东学院数十人（保定市政协文史委员会，1992）。正因为如此，保定士绅群体中的相当一部分得以进入保定工巡局等各级各类新式地方政府职能部门任职，士绅得以以官僚的角色重新进入到保定近代城市社会秩序维护的中心（图5-8）。

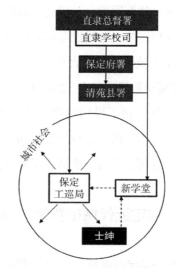

图5-8 保定近代城市新学堂创办与士绅角色转换

1905年保定城市新式学堂一览 表5-7

序号	名称	地址	办学主体	创办时间
1	直隶高等学堂	保定西关外	官立	1902
2	直隶高等农业学堂	保定西关外	官立	1902
3	武备速成学堂	保定东关外关帝庙	官立	1903
4	优级师范学堂	保定北关外	官立	1903
5	东文学堂	附优级师范学堂	官立	1903
6	师范附属小学堂	附优级师范学堂内	官立	1905
7	工艺学堂	附优级师范学堂内	官立	1905
8	初级师范学堂	西关十字街北路西	官立	1904
9	高等小学堂（清苑县）	皇华馆	官立	1904
10	普通科学馆	旧莲池书院	官立	1905
11	马医学堂	东门外大操场	官立	1904
12	初级模范学堂	东城根将军庙	官立	1902
13	初级模范学堂	府学	官立	1902
14	初级小学堂	九圣庵	官立	1902
15	初级小学堂	四川会馆	官立	1902
16	初级小学堂	清真寺	官立	1902

续表

序号	名称	地址	办学主体	创办时间
17	高等小学堂	南白衣庵	官立	1902
18	保定医学堂	西关内三皇庙西	官立	1904
19	保定公立高等小学堂	城内竈（灶）君庙	公立	1905
20	山东公立高等小学堂	山东会馆	公立	1904
21	崇实中学堂	北关外	公立	1904
22	自费高等小学堂	西关外杨公祠	公立	1904
23	中州两等小学堂	穿心楼西	公立	1904
24	保定公立初等小学堂	北街北白衣庵	公立	1905
25	两江公立小学堂	城内半亩园	公立	1904
26	直隶公立高等小学堂	保定西关讷公祠	公立	1905
27	初等小学堂	杨公祠	私立	1902
28	浙江公立小学堂	浙江会馆	公立	1905

资料来源：1905年刊登于《直隶白话报》的《保定府学堂调查表》

5.4.2　保定清末城市新学推广与对士绅的倚重

与张之洞领导的南方新学推广所面临的地方士绅强烈抵制的情况显著不同，直隶省地方政府的强势以及地方政府对地方士绅作用的重视，也推动了保定近代城市官办新学向民间以及腹地州县的顺利推广（S. R. Mackinnon，1980）。一方面，大力表彰资助新学的地方士绅。在国家《奏定学堂章程》的倡导下，积极对参与新学推广的地方士绅予以鼓励。在直隶省，除了保定、天津这种大城市中新学兴办以官办为主导以外，大多数新式学堂都是由私人或当地政府资助的，对那些捐献1万到2万两白银在某个地区或城镇建立一所或多所初等小学堂的地方士绅或商人，袁世凯授予他们官衔进行奖励，官方记录中有很多这种例子，这大大提高了保定城腹地乡村创办新学的积极性，如清苑县温仁村张仲山创办女学，满城县花庄村梁青源等创办高等小学等。另一方面，邀请地方士绅在新学推广机构中任要职。1905年冬，直隶省各州县创设"劝学所"，作为省城向腹地推广新学的主导机构。劝学所设总董一名（受县官监督，但不受其管辖，其下还设数名劝学员），一般由地方有名望且热心新学的新、旧士绅担任，承担该区域的新学筹款的全部职责。在保定地区13个劝学所中，新、旧士绅各占其半（表5-8）。以清苑县劝学所为例，设于保定城内城隍庙，总董由张国浚担任。1906年，推进将四乡15所义塾改为初等小学堂；1908年，颁布《私塾改良简章》，调查并继续改良四乡私塾，建立小学堂；

到1911年，全县有各式小学堂70所。另外，1906年、1907年，保定地方士绅吴昶、韩德铭、谢琪、朱廷桢、樊榕等依照《奏定劝学所章程》，在保定城内的重要公共空间大慈阁、杨公祠等处通过发放报纸、开展讲解等方式，引导广大民众理解新学的实质与意义，"听讲人数众多"（保定市政协文史委员会，1992）。最终，保定地区得以成为直隶省晚清新学兴办最为兴盛的地区[①]，根据1907年清廷学部总务司的调查，保定地区新学学堂数与学生数分别占整个直隶省的12%与13%（表5-9）。

清末在保定地区担任劝学所总董的地方士绅　　　　　　表5-8

地点	项目	劝学所总董	
		姓名	出身
保中	清苑县	张国浚	副贡、候选直隶通判
	满城县	赵之栋	普通科学馆毕业
	安肃县	刘绍承	师范毕业
保东南	博野县	无	无
	蠡县	孙玉峰	师范毕业
	祁州	宋如璋	举人
	高阳县	王士敏	廪生
保北	易州	无	无
	涞水县	高步瀛	举人、游历日本
	定兴县	张荣藻	游历日本
	新城县	无	无
环白洋淀	容城县	任景魁	秀才、初师毕业
	雄县	孔繁英	游历日本
	安州	陈逊之	—
保西南	唐县	—	
	望都县	崔莲峰	法政学堂毕业
	完县	—	
	定州	么立祥	举人、师范一年、游历日本

资料来源：直隶学务公所，1909

[①] 理查德·A.奥布《晚清直隶的书院和其他学堂：制度角度》，参见柯文等编《19世纪的中国改革》第231-234页。

表 5-9 保定地区清末新学学堂规模统计

项目 地点		专门学堂		实业学堂		师范学堂		普通学堂		学务经费收支		
		学堂数	学生数	学堂数	学生数	学堂数	学生数	学堂数	学生数	岁入	岁出	盈亏
保中	清苑县	4	731	3	195	3	977	90	2557	34771	31213	3558
	满城县	0	0	0	0	1	50	63	1233	9963	10974	-1011
	安肃县	0	0	0	0	0	0	42	554	3460	3336	124
保东南	博野县	0	0	0	0	0	0	51	979	4608	4555	53
	蠡县	0	0	1	20	0	0	156	3378	22847	23302	-455
	祁州	0	0	0	0	1	50	75	3794	9954	12673	-2719
	高阳县	0	0	1	40	0	0	53	890	3722	5467	-1745
保北	易州	0	0	0	0	0	0	17	149	—	—	—
	涞水县	0	0	0	0	1	10	12	147	2136	2374	-238
	定兴县	0	0	0	0	1	36	30	435	4839	4790	49
环白洋淀	新城县	0	0	0	0	0	0	42	492	7411	5674	1737
	容城县	0	0	0	0	0	0	60	442	2997	5683	-2686
	雄县	0	0	0	0	0	0	23	340	4396	4135	261
	安州	0	0	0	0	0	0	28	498	5729	4768	961
保西南	唐县	0	0	0	0	0	0	39	749	3283	—	—
	望都县	0	0	0	0	0	0	56	834	4370	4305	65
	完县	0	0	0	0	0	0	1	38	—	—	—
	定州	0	0	0	0	1	79	100	1799	19140	19096	44
保定地区合计		4	731	5	255	8	1202	938	19308	143626	142345	1281
占直隶省的比例		33.3%	37.0%	25.0%	31.5%	8.2%	22.6%	11.7%	12.6%	8.2%	7.1%	1.1%
备注		第1名				前20%				前30%		

资料来源：学部总务司，1907

5.4.3 社会支持下的保定民国新学持续兴旺

洋务运动时期，莲池书院十余年的中西学融合探索，在1900年后保定地方文教改革国家示范的加持下得到进一步巩固。进入民国时期，虽然受到军阀混战、思想控制等的影响，政府对保定新学发展的投入与激励不再积极，尤其是加强了对保定高等院校的管控，但在晚清积累下的新学风与新人才的促进下，社会力量继续推动着保定新学迅速发展。据不完全统计，近代保定城先后成立了7所高等学校，9所师范学校，16所专业、职业学校，10所军事学校，21所中学，72所小学（附录E）。文教职能成为为数不多的贯穿整个保定近代城市变革历程的城市职能之一：从清末的"畿辅文教中心""北洋学界之中心点"演变为民国时期的直隶省"学生城""河北中等教育区"[①]（表5-10）。

1934年保定城市中等学校一览　　　　表5-10

名称	立别	地点
保定中学	省立	北关
育德中学	私立	西关
同仁中学	私立	南关
志存中学	私立	城内
培德中学	私立	北关
民生中学	私立	城内
景仁中学	私立	南关
保定女子师范学校	省立	城内
保定师范学校	省立	西关
保定职业学校	省立	城内
清苑乡村师范	县立	西关

资料来源：1934年刊登于《众志月刊》的《河北省中等教育区保定之素描》

5.5 小结：官治扩张推动保定近代城市治理重构

在生态与战乱危机的双重打击下，直隶省地方城市秩序混乱成为清末新政的关键国家事务之一，一系列地方官治制度改革的国家示范在直隶省启动，直隶省的治理焦点也随之回归内陆，保定作为直隶省名义省城，直隶省内陆行政中心，加之直隶省示范之初，天津主权暂失，随着主导直隶省地方官治改革国家示范的直隶总督驻扎保定，以警政、文教改革为主的一系列地方官治制度改革国家示范也在保定城落地。

袁世凯在保定首创警局是这一地方官治改革国家示范的第一枪，相比以湖南保卫局为代表的中国近代早期探索创办的官绅共治的警政，保定警务局不但是第一个得到清廷赞许、认可与认证推广的警局，而且进一步扩张了警局在地方治理中的职权范围，替代了绅治在地方秩序维护中的核心作用。后与工程局合并，建立了一个国家正式的科层化地方政府职能部门——保定工巡局，在清廷新创巡警部的推动下，成为清末全国各地警政创办的出色蓝本，就连上海等通商口岸城市在这一时期官办的城市警政也参照了这一蓝本。但这一时期，上海等通商口岸城市的城市警政与保定的城市警政在实践目的与特

[①] 1934年，保定地区聚集有11所中等学校，超过全省总数的20%，其中有6所为私立。

征上仍存在着显著的不同，相比之下，保定近代城市警政以替代业已腐朽的传统地方治理制度为目标，更加追求面向社会秩序维护的各个方面的全面建构，因而其以户口清查为先导，涉及公共卫生维护、社会秩序管理与城市建设管制等广泛的地方管理事务，并在1906年京汉铁路全线通车之后，面向京汉铁路沿线的重点城市地区，进一步扩张了警局架构，成为保定近代城市治理最为活跃的所在。

另外，虽然警政的创办使保定城内大量士绅群体失去了社会治理核心地位，科举的取缔堵塞了这些士绅原有的上升通道，但在1902年于保定设立的我国最早的省级新学行政机构——直隶学校司的主导下，保定近代城市新学兴办及推广对士绅群体给予了特别的关照以及充分的倚重，积极吸纳士绅参与地方官治改革，重塑士绅的社会角色。

第6章
地方自治辅助推动保定近代城市变革

6.1 作为地方官治制度改革补充的保定近代城市自治困境

6.1.1 地方官治制度改革捉襟见肘与直隶省"钦定自治"补充

经过一段时间的直隶省地方官治制度改革国家示范后发现，清廷的财政实力与治理能力都无法支撑地方官治制度改革完全实现以恢复地方秩序，需要建立全新的社会动员机制，激活社会力量，以辅助地方官治制度改革的持续推进以及举国体制的建立。加之，1900年代中叶开始，国内立宪的呼声日益高涨，为此，地方自治作为立宪的重要内容，也是官治的辅助，开始推行。既是畿辅重地，又是外国来访首都的必经之地，直隶省被"钦定自治"，继地方官治制度改革国家示范之后，又一次成为基层政治制度改革——地方自治创办的国家示范（王旭，2018）。

虽然国家主导的地方官治制度改革在保定得到了顺利的推行，但其所需的巨大财政保障在面对积弱的社会经济时频频受到抵制，加之动荡的政治环境，国家需要建立一套前所未有的强大的社会动员机制，使这一系列地方官治制度改革得到持续的施行。因此，国家也开始在保定劝办城议—董事会、区公所、商会等自治组织。1908年，《大公报（天津版）》谈到保定筹办各项新政时指出，警政、新学等官治改革所需经费，起初均由民间田亩摊派，高达约70～80吊/亩，这些经费需要秋收后立即缴纳，尤其在春、夏没有太多收成时，民间负担极重，因而多由地方士绅出资垫付，但显然不可长久[①]。保定附近的满城县也面临同样的问题，民国县志中就指出，警政、新学等官治改革以及自治的创办，所需经费非常繁重，加上上缴国家的传统田赋正税已经带走甚多，因而地方所需的这些改革经费的征缴更是给本来就呈现颓势的民间经济带来了沉重的负担[②]。

6.1.2 对比视野下的保定近代城市自治特征与困境分析

1910年，保定借鉴天津地方自治实验的成果，率先组织城议—董事会，并成为地方自治由天津向直隶全省全面推广的"模范"[③]。遵循直隶咨议局的选举办法，政府主导在保定创建了一个以本地士绅为主，以本地富商为辅，将贫穷、无位的大众排除在外的"绅商"共治的自治架构（表6-1、图6-1、图6-2）——保定城议—董事会，配合以保定工巡局等为代表的地方政府新型职能部门，推进保定城市公益事业（附录G）。基于此，士绅群体有望重新建立起在保定近代城市治理中的独立地位，即"绅权制度化"。

---

① 见1908年刊登于《大公报》的《保定禀请筹办林业》。
② 见民国《满城县志略·县政》。
③ 见1910年刊登于《大公报》的《直隶总督陈夔龙奏胪陈第三届筹备宪政情形折》。

1908年直隶咨议局清苑县选举权认定标准		表6-1
分类	认定标准	
有选举权	【基本条件】直隶省本籍的超过25岁的男性； 【绅】在直隶省推动新学创办或者其他公共事业超过3年，并有一定成效； 【绅】已是举人、贡生及以上级别的士人优先； 【绅】在国内外的中学堂等中等以上级别新式学堂学习，并顺利毕业的优先； 【绅】实际担任过七品文官、五品武官及以上品级，且没有被弹劾、革职的官员； 【商】在直隶省拥有资本额超过5000元的企业、房产等的商人优先	
无选举权	文盲、吸毒者以及财产不明、品行不端等的人	

资料来源：1908年《北洋官报》刊载的《直隶咨议局清苑县调查选举开会演说词》

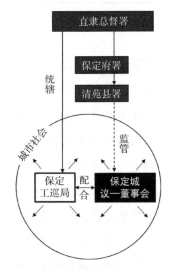

图6-1 保定城议一董事会
自治架构简图

图6-2 1910年保定城议事会成立合影
资料来源："全国报刊索引"数据库

除了推动绅权制度化这一清末地方自治的普遍特征以外，政府主导是以保定为代表的大多数直隶省城市清末地方自治中最为鲜明的特征。从创办主体来讲，保定等多数直隶省城市的地方自治主要由政府主导，绅商支持创办，各级官员在各级自治机构中担任监督，控制自治的机构创办、长官选任以及章程决议等方方面面，不同于上海城厢内外总工程局的绅商主导、政府支持以及东三省保卫公所的绅商自办等1909年清廷正式推行地方自治之前的中国近代较早的地方自治机构；从实施特征上讲，保定等多数直隶省城市地方自治的实际落实由地方官把持，甚至在一些地区，官僚直接领导地方自治机构，例如赵州公议局的"一把手"就由赵州知州担任，公议局中的议员也是由州署知州下的属官担任，这与上海城厢内外总工程局、东三省保卫公所等（表6-2）具有的广泛自主性明显不同（范红霞，2002）。

保定城议—董事会与上海城厢内外总工程局、东三省保卫公所自治对比 表 6-2

名称	保定城议—董事会	上海城厢内外总工程局	东三省保卫公所
标志性	国家在直隶省推动的地方自治全国示范中的代表	中国近代早期地方自治探索的代表	
时间	1910年	1905年	1904年
实践目的	辅助地方官治改革，强化地方社会秩序重塑	抵制租界扩张，重塑华界形象与秩序	抵御日俄侵略，保卫安全，维护秩序
创办主体	政府主导	绅商主导	绅商自办
实践特征	各级官员或控制，或抵制自治实践	表现出鲜明的自主性，与官方或协作，或冲突，修筑各类市政设施	政府"局外中立"，绅商自行组织地方安保与管理

资料来源：附录G；曲晓璠 等，1994；吴桂龙，1982

正是由于强烈的政府主导特征，在城市公益事业中的责权界限十分模糊的情况下，保定城议—董事会在与保定工巡局等新型地方城市职能部门的互动过程中，受到地方政府的"戒备"，而难以发挥出切实的作用。在保定城议—董事会成立之初，地方官就极力强调地方自治必须受官治控制以及便利政府行政的自治目标。这些官员在保定城议—董事会的成立大会上就极力强调，虽然自治与官治是"分途而理……相济为用，其所以便利行政而巩固国本者……"①但"自治行政乃由国家所委任，应受政府之监督……"②从已有的经验来看，自治常常与官治产生冲突，自治机构的职员与地方官员互相视为敌人，认为对方侵犯了各自所代表的地方公共权益与国家权力③。保定城议—董事会自身又无足够强大的运营保障，进而出现了保定城议—董事会与保定工巡局等新型地方城市职能部门争夺管理税收等公共资源权力的局面，最终多以城议—董事会妥协而告终。

"清苑县议事会日前呈请直督，将省城房铺商车各捐请饬交由董事会管理，兹奉直督批云，查此案前据自治总局详复，以保定卫生、工程向由工巡局经理，开办数年早著成效，应请照旧办理，唯该会限于城关，范围较小筹款亦属不易，可否照天津县议董事会成案，每月由捐款内酌给补助金若干以资抱注等情，业经批饬财政总汇处会同巡警道核议具复饬遵在案，据呈前情仍候行财政总汇处会同巡警道迅速核复详夺，至所陈调查该局历办捐务情形并饬司道查明详晰，具复并候行自治总局查照仰即遵照。"③

随着1928年《县自治法》的颁布，保定近代城市自治事务从民国北京政府时期不稳定而由警局代管的局面，转变为以第一区公所下辖街公所的形式正式纳入地方政治

---

① 见1910年刊登于《大公报》的《保定城议事会开会·工巡总局总办叶观察演说》。
② 见1910年刊登于《大公报》的《保定城议事会开会·藩台凌方伯演说》。
③ 1910年11月27日刊登于《申报》的《董事会要求管理捐项之结果保定》。

体制架构之中，作为地方官治在县以下的延伸，辅助各项官治在基层的落实（图6-3）。然而，保定清末城议—董事会的困境仍在延续，城市治理的人力、财力不足以及民众自治意识的缺乏，使得保定两级城市自治公所变成了一种仅仅负责上传下达的近似基层行政机构。一份1934年由河北省政府下辖研究机构发布的关于定县地方自治情况的报告①就指出，该县的区、街公所在其初衷领域——团结地方民众，自组织计划、推进地方公益事业——几乎没有进行太多的实践活动，更别说成效，而多是负责传达上级政府部门公文，根据上级政府部门命令开展各项征缴事务。

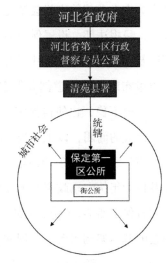

图6-3　保定第一区公所自治架构简图

6.2　近代保定商会的创立与自治优势

6.2.1　近代保定商会的创立历程

除了清末的保定城议—董事会与民国时期的第一区公所外，在保定近代城市中还有一个由国家劝导创立并在清末、民国时期逐步完善的重要自治组织——保定商会。

近代以前，依附两百余年直隶省首府职能下聚集的大量官僚，保定城工商业较为发达，逐步成立了十三行会与多处会馆。进入近代，保定的行政中心职能逐步退去，城市工商业虽有起伏，但在冀中农产商贸中心职能与文教中心职能的带动下仍保持相当的规模，商人也在保定持续地活跃着。

在这样一定规模的工商业与商人群体的基础之上，加之1906年京汉铁路及京汉铁路保定南关支线全线竣工对城市区域商贸的推动，清末新政中国家商部推行的以"保商振商"为目标的商会制度，在保定的商人群体中得到了积极的响应。1907年，保定的绅商樊榕、程锡侯、张国浚、冉鹏飞等积极联系各个行会、会馆，呈报商部，于保定城东大街创立了由30位会董与300余家大、中商会组成的保定商务总会，其后还积极联络并先后推动高阳县、祁州、定州、束鹿县、南宫县、获鹿县、丰润县、唐山镇、宣化府、大

---

① 定县是直线距离距保定不到60km的保定地区南部的重要县城，不但与保定同样位于平汉铁路沿线，且也以地方教育的有效推广而享誉全国，构成了与保定类似的地方自治推行环境，即地方智识水平的相对良好与国家铁路经济的带动。因此，对于保定地区地方自治情况少有详细记载的调研报告——河北省政府下辖的研究机构1934年发布的《定县地方自治概况调查报告书》在记述定县地方自治情况的同时，也能够一定程度上展现保定民国时期地方自治的大体情况。

名府等直隶省其他府州县镇建立了商务分会。1909年，保定商务总会顺应全国商会发展大势，呈报法部，设置保定商务总会商务裁判所，进一步强化了对商会在工商业纠纷协调以及相关公证、鉴定中的作用①。1911年，清朝灭亡前夕，时局动荡，保定商会又呈报直隶布政司清河道创办保定商务总会保定商团，指出自武昌起事开始，全国政局动荡、社会不稳，也使得保定工业、商业、贸易等市场恐慌，因此商会公决创办由400名壮丁组成的商团，以维护当地的社会稳定②。

历经北洋政府于1916年颁布的《商会法》、国民政府于1931年颁布的《新商会法》以及1942年伪南京政府对《商会法》的改造，清末保定商务总会先后改为保定总商会、河北省保定商会、（伪）河北省保定市商会。（伪）河北省保定市商会延续原河北省保定商会的基本架构出台了《河北省保定市商会章程》（附录G）。其间，1929年《工商同业公会法》正式颁布后不久，1931年，保定商会下辖同业公会陆续成立，颁布了各行业同业公会章程，就此，保定商会的组织架构基本定型。其后，保定商会的规模得到持续发展，从1931年的26个同业公会③，合计728户工商户，逐步发展到1946年的53个同业公会、2126户工商户（表6-3）。

1931年、1936年、1942年、1946年保定商会下辖
同业公会及历年工商户数一览　　　　　　表6-3

序号	同业公会名称	1931年	1936年	1942年	1946年
1	酱业公会	28	55	69	55
2	干鲜（果）业公会	18	82	71	82
3	（食）油业公会	12	39	67	39
4	油漆颜料业公会	7	11	11	11
5	麻绳业公会	12	不详	15	9
6	茶食业公会	—	—	13	12
7	煤（灰）业公会	84	74	99	74
8	粮业公会	90	76	103	76
9	制革业公会	—	20	20	20
10	牛羊肉业公会	—	21	12	21
11	照相业公会	—	12	17	12
12	麻刀灰业公会	—	8	14	8
13	西药业公会	—	15	8	15
14	（中）药业公会	35	27	37	27
15	小卖杂货业公会	—	109	28	109

---

① 见1909年刊登于《华商联合报》的《保定商会设所裁判讼案》。
② 见1911年刊登于《北洋官报》的《直隶布政司清河道禀遵饬拨发育婴堂息款办理保定商团文并批》。
③ 这些同业公会与直接户由原有的十三行会与较大规模的行业（商户达到7户以上）改组而来。

续表

序号	同业公会名称	1931年	1936年	1942年	1946年
16	膳业公会	—	102	108	102
17	纸烟/烟卷业公会	38	90	74	90
18	银钱业公会	19	9	8	9
19	浴业公会	—	10	17	10
20	首饰业公会	—	27	27	27
21	估衣业公会	31	28	34	28
22	瓷/磁业公会	10	31	19	31
23	自行车业公会	9	36	12	36
24	洋/百货业公会	48	138	131	138
25	鲜菜业公会	—	32	20	32
26	面（杂）食业公会	—	150	—	150
27	书业公会（图书教育用品业公会前身）	11	17	19	17
28	镶牙业公会	—	8	8	8
29	酒业公会	24	26	21	26
30	制酒业公会	—	—	9	—
31	收粮业公会	—	—	—	26
32	猪肉业公会	—	50	43	50
33	鞋（商）业公会	—	67	81	67
34	杂货业公会	19	18	20	18
35	棉业公会	—	不详	34	52
36	理发业公会	—	36	55	36
37	转运/承揽运送业公会	25	15	9	15
38	旅店业公会	—	95	85	95
39	电料业公会	—	9	8	9
40	（蓝）染业公会	19	15	42	15
41	布（线）业公会	43	84	126	84
42	铁业公会	14	53	31	53
43	铁工业公会	—	81	—	81
44	白铁业公会	—	28	—	28
45	茶叶业公会	15	21	18	21
46	（南）纸业公会	8	16	21	16
47	成衣业公会	—	37	57	37
48	渔业公会	—	12	14	12
49	铜锡业公会	7	28	20	28
50	（押）当业公会	15	不详	—	4
51	竹藤罗圈业公会	—	27	—	27
52	钟表眼镜业公会	—	30	—	30
53	机器棉纺织业公会	—	30	—	30

续表

序号	同业公会名称	1931年	1936年	1942年	1946年
54	猪鬃毛业公会	—	不详	—	18
55	玻璃业公会	—	—	12	—
56	木厂业公会	50	55	65	—
57	土药业公会	—	—	17	—
58	（军衣）帽业公会	22	42	40	—
59	斗业公会	15	26	12	—
	合计	26行 728户	54行 户数不详	50行 1901户	53行 2126户

资料来源：国家图书馆地方志家谱文献中心，2004；姜锡东 等，2012；保定市工商业联合会 等，2019；河北省保定市地方志编纂委员会，1999

6.2.2 近代保定商会面向国家投入的积极的政商互动响应

据《保定商会档案》留存的资料所述，与保定城议—董事会、清苑县第一区公所不同的是，保定商会作为一个自治组织在保定近代城市中尤为活跃，开展了众多"保商振商"的城市实践：或代表国家，开展商业调查、拟定并实施振兴实业计划、管控物资与物价、协调商业纠纷、推动社会救济事业等；或代表保定商人，参政议政，动员各商户提升城市公共服务与市政设施水平等。随着保定商会相对活跃的城市实践的逐步推进，在保定近代城市日常生活中，商人开始逐步代替传统士绅，成为城市社会与国家互动的主要群体，商会与政府之间在认捐与抗捐、禁烟消防、社会救济协作、金融调控、合资建厂、创办新式企业等方面频繁产生冲突或协作（黄韬，2016；郝娇娇，2014；尹晓敏，2014；左海军，2011；葛宝森，2011；史佳，2009）。

"阴历年关之保定市面，铜元缺乏金融奇紧，大略情形业纪本报，兹将近日警厅道尹及清苑县等会衔维持金融布告一则录下：为会衔布告事照得铜元制钱均为银元辅币相助，而行本无轩轻现值，金融恐慌，铜元缺乏，准保定商会函请制钱铜元一律行使以资补助等情，前来兹特布告周知，嗣后市面一切交易无论制钱铜元均应一律收用，不得歧视区别。即本知事公署征收地粮、投纳税契，亦各听商民之便，制钱铜元互相收纳，倘有藉端挑剔留难者，准即据实指揭，本厅长处长道尹知事，系为维持金融，便利商民起见，其各共体此衷，勿故抗违，切切此告。"①

"本厂即以保定实业工艺厂为名……本厂资本并无官款，均系劝集商股而成，每股保平银十两，以五千股为定额，凡入股者不限股股数，或一、二股，或数千股，听入股

---

① 见1917年刊登于《大公报（天津版）》的《保定官商合力维持金融》。

人之便，自赴贡院街聚源恒交银领取股票，并付息折一扣，自开办日起，其息按年六厘一年，期满持折领息，过期存厂，下期再付，不另生息……"①

其中，因保定商会建立而强化的近代政商互动也积极响应了前述国家在保定的基建、制度投入，主要体现在对京汉铁路带动作用的维护、强化与扩展，以及响应地方新学兴办的国家示范两方面。

1. 近代保定政商互动对京汉铁路带动作用的维护、强化与扩展

在京汉铁路推动保定形成南关水陆转运枢纽，进而逐步确立冀中商贸中心职能的变革与发展的过程中，保定商人积极敦促政府或者与政府协作，维护、强化与扩展南关水陆转运枢纽的效能，推动京汉铁路正效应在保定近代城市变革进程中的落实、根植。

维护水陆转运枢纽效能。20世纪40年代初，津保内河航道与京汉铁路保定南关支线遭到日本侵略者以及自然灾害的破坏，严重影响了保定各商户的经营。1945年日本投降之后，保定商会以及各同业公会积极发起提案，提示并催促相关政府部门推动铁路与航道的修复工作。

"《保定商会提请修复南关铁路案》

理由及办法：查商业盛衰视交通是否便利以为冲，保定南关铁路自经上年春间拆毁复通，今尚未新修西南关地方存有商业逐年日见萧条，大为而振，其原因即基路。此拟请转恳上峰主管机关速饬铁路局，照旧修复以利交通而便民、商。

是酌要，是否有当，请公决！"②

"《保定商会干鲜果业公会、茶食业公会关于疏浚保津运河，恢复南关之路水旱码头，地壤衔接，期以发展保定工商事业，繁荣市面案》

案由说明：缘保津运河长约百六公里，与发展保定工商事业及繁荣市面有直接密切之关系。七七抗战前，当局鉴于保津运河之重要，曾有改建之计划，后因华北沦陷，一切都成泡影。查此冀中大平原之运河为保津水路交通之要道，其源来至保定城西满城县属一亩泉及黑龙泉，沿途灌溉林田，余流经保定、新安入白洋淀，复经赵王新河与大清河汇流至津。而白洋淀工游新安至保定之间，时感流量之不足，故改建运河，唯先调整水源，疏浚河道，期使小汽船直驶南关以完成改建、疏浚之计划。

又南关之路西通石家庄、太原，南接豫北、冀南，沿运河北岸至刘守庙站为其终点，水旱码头连续接壤，双方运输交相互换，宁与发展保定工商业，繁荣市面有直接密切之关系。

---

① 见1906年刊登于《北洋官报》的《专件：保定官商合办实业工艺厂章程》。
② 保定市工商业联合会等，2019：第211页。

办法：恢复支路，请平汉路局负责办理，其原路基犹存，轻且易举。疏浚运河应责成河北省河务局迅速参照原计划施工，无需另行测量，俾资简洁。

综上，提案是否有当，请大会公决。"①

"《保定商会煤炭业公会关于请平汉铁路局恢复保定南关铁路支路道岔，以利运输，而便工商复兴案》

案由说明：查保定南关有大清河通天津，往来航运，船舶颇多，为水陆运输沟通其见，西关至南关刘守庙原有铁路支路遂岔一条，并刘守庙设有车站，且有道岔若干条，以资转运。所以南关水运交通，工商称便，在事变前颇为繁荣，不料前年，日寇因需要材料，竟将这支路全线拆去，以使工商不振，拟请于某工商繁荣，将支线、道岔修复，俾利运输而资复兴。"②

强化水陆转运枢纽效能。保定商会在河北省政府与清苑县政府的指导、核准下，将依托保定南关水陆转运码头而兴旺起来的运输、客旅等行业的商户聚拢起来，成立了保定商会转运业公会、旅店业公会等，进一步增强冀中水陆转运枢纽的组织与效率。在保定商会转运业公会成立之前，联结保定城腹地城镇乡与保定南关水陆转运枢纽的陆路次级运输体系中的脚行③、货栈、汽车运输公司④等商户就已兴旺，在保定商会转运业公会成立以后，这些行业得到持续发展与完善。在脚行方面，"……高玉春于1932年靠商会的支持成立了'搬运事务所'……清苑县政府出面与工会、商会协商成立了'搬运合作社'……搬运合作社正副经理分别由高玉春、刘廷瑞担任，1937年，刘廷瑞在日本侵略者支持下当了'中国内河航运公会保定分会水陆搬运事务所'的负责人……搬运工有一千五百人……"⑤在汽车运输业方面，"1935年在南大街开办了第一个官办运输营业所……1938年，保定设立国际运输公司（保定营业所），1939年成立伪华北政务委员

---

① 保定市工商业联合会等，2019：第208页。
② 保定市工商业联合会等，2019：第209页。
③ 《保定文史资料选辑（第6辑）》中第224-225页记载，保定刘氏脚行把头于1900年受皇封后正式确立，主要活跃于保定城南关府河沿岸。进入民国以后，随着保定京汉铁路与津保府河航道协同联运的模式日益成熟，刘氏脚行把头的产业也在清苑县政府的支持下得到进一步发展，业务范围扩大到了"四城、四关、八大闸"（即为保定南关府河上的八个给水闸口），工人增加到2000余人（南关1800多人，西关200多人）。
④ 陈伯涛，2019.古城保定老字号[M].石家庄：河北人民出版社：321-322.其中记载：保定曾有货栈、大车店30余家，接待各地客商及随行物资，每天进出保定城的大车约300～400辆，驴骡驮子约400～500头，一方面将保定城腹地城镇乡的物资运往京师、天津，同时又将天津运来的五金杂货等运往保定城腹地城镇乡。进入北洋政府时期，保定的汽车运输业开始发展，1917年，直系军阀曹锟之弟、时任直隶省省长——曹锐投资，开办了保定第一家民营汽车运输企业——协同汽车运输公司，其后，在20世纪20年代，保商汽车行、双兴汽车行、快轮汽车公司、公立汽车行等陆续开办。
⑤ 见《保定文史资料选辑（第6辑）》。

会，国际运输株式会社改名华北运输公司，保定营业所改名为出张所（即办事处），到1943年改为小运送局。"①近代保定南关水陆转运枢纽的形成，进一步增加了保定城内流动人口的聚集，旅店业随之快速发展，但同时也带来了"水陆交冲、五方杂处、人类众多、良莠不齐，诚恐有宵小之徒混迹其间"②的城市问题，在促使保定近代城市警政强化的同时，旅店业各商户也在地方政府的指导与核准下，自发于保定西关大街福禄栈建立了保定商会下辖的旅店业同业公会，颁布《清苑县旅店业同业公会章程》，"以增进同业之公共利益及矫正营业之弊害"③，同时也辅助保定近代城市警政面向流动人口管理的实践。

扩展水陆转运枢纽效能。即依托南关水陆转运枢纽，发展工商业。在1916—1921年间，在保定商会的协助下，保定商人与准国家力量——直系军阀积极协作投资，聚集腹地丰富的粮食、棉花等农产资源，推动保定迎来近代城市工业发展的巅峰，保定近代最重要的工商企业大都成立于这一时期（表6-4）。另外，继清末民初保定以南关水陆转运枢纽优势与直隶省其他城镇争夺省办纺纱厂失败后，1946年，保定商会再一次向政府提案："请求经济当局在保定设立纱厂"，利用水陆转运枢纽聚集的腹地棉花生产棉纱，"不但振兴工业，更可救济地方"④，但遗憾仍未能成型。

军阀与商人在保协作创办的近代企业代表　　表6-4

创办年份	企业名称	主要创始人	
		军阀及亲信	商人
1916	保阳火柴公司	曹锐	于振宗（保定商会会董）
1917	保定电灯公司	冯国璋、曹锟	张献庭、王筱峰
1919	乾义机器面粉公司	王占元	孙锡五

资料来源：1926年刊登于《中外经济周刊》的《保定经济之状况》；1934年刊登于《国货年刊》的《保定工商业之概况》

2. 近代保定政商互动响应地方新学兴办的国家示范

近代保定商会的前身——清末保定城内的会馆积极响应国家在保定大力投入的新学兴办示范，成为保定清末城市新学在官办以外的社会创办主体之一。1904年，山东会馆创办"山东公立高等小学堂"，中州会馆创办"中州两等小学堂"，安徽会馆创办"两江公立小学堂"，中州、安徽这两座会馆均在5年后创办了公立中学堂，安徽会馆更是

---

① 陈伯涛，2019：第322页；保定市工商业联合会等，2019：第87页。
② 保定工巡总局牌示"为出示晓谕事照得省城地方水陆交冲、五方杂处"。
③ 保定市工商业联合会等，2019：第89-93页。
④ 保定市工商业联合会等，2019：第215页。

创办了名满全国的《直隶白话报》。1905年，浙江会馆创办"浙江公立小学堂"[①]，其后，四川会馆创办"四川会馆官立小学堂"，旗奉吉江会馆创办"旗奉吉江高等小学堂"。这些新式学堂主要培养各会馆的家乡子弟，这些子弟学成以后，部分成为保定商会中的新鲜血液（尹晓敏，2014；史佳，2009）。

1911年，直隶省新式文教改革全国示范政府部门——直隶提学司发函保定商务总会，指明实业学堂创办的重要性以及当前师资、经费的困难，请保定商务总会予以支持、创办，保定商务总会一周后回复直隶提学司，表示将克服所有困难，积极协办。1905年于保定城内小圣庙创办的保定艺徒学堂与1909年于保定城内西北隅菜园一带创办的保定实业补习学堂（后发展为保定高级工业职业学校）提供了大量的资助经费。前者免学费招收粗略知晓文字、算数的12岁以下的儿童入学，教授初级的工业技术与知识。后者招收初等小学毕业，或已超16岁的少年，教授实业科目等。另外，保定商务总会还投资了冯国璋创立的商务第一学堂与商务第二学堂，重点教授工商业使用知识，培养了众多的近代工商业专才（保定市政协文史委员会，1992）。

6.3 近代保定商会的自治架构优势与政商协作困境

6.3.1 近代保定商会相对于保定其他自治组织的架构优势

保定商会相对于保定城议—董事会、清苑县第一区公所的实践优势的形成，离不开保定商会基于清末的《商会简明章程》、民国北京政府时期的《商会法》、1928年后的《新商会法》等国家商会组织法规，从1907年保定商会建立开始，经过清末、民国的多次完善而建立起来的一个较为独立且有坚实保障的自治架构（附录G），而这一自治架构与保定城议—董事会、清苑县第一区公所的自治架构有明显的不同（表6-5）。

从政府管控来看，从清苑县第一区公所、保定城议—董事会到保定商会，政府的管控力度逐渐减弱。清苑县第一区公所受到的政府管控力度最大，是民国时期清苑县政府明确统辖的自治机关，在实践过程中，甚至近乎于一级行政机关。保定城议—董事会虽然没有受到类似于清苑县第一区公所那样明确的政府统辖，但由于其所负责的城市公益事业与地方政府新型职能部门职责之间的界限模糊不清，政府对其并不信任，在其选举、实践等过程中均受到政府的监管，同样几乎没有任何的独立性可言。相比之下，在我国近代"重商"思想的风靡下，由于保定商会属于政府劝办机构，且其社会职责也十分明确——"保商振商"，因此受到的政府管控力度明显较小，表现为商人积极、自主

[①] 见1905年刊登于《直隶白话报》的《保定府学堂调查表》。

保定商会与保定城议—董事会、清苑县第一区公所的自治架构对比　　表 6-5

项目	保定商会	保定城议—董事会	清苑县第一区公所
政府管控	政府管控力度小，属政府倡办，商人自主聚拢保定城内外的行会、商户等创办商务总会、分会"保商振商"	政府管控力度一般，政府主导选举，在县政府的监管下开展工作	政府管控力度大，县政府下辖的自治组织，近乎于县下行政机关
资金保障	主要包括商户入会费、商户捐资等	经费自筹，无固定的资金来源	由县政府各捐中抽取，按月发放
执行机构	在商团、商务裁判所的保护与协调下，由同业公会执行各项工商事务。同时还能联络保定以外的分会协作开展一些区域性的工商事务	主要依靠工巡局等政府职能部门执行各项决议	主要通过六处街公所传达或执行县政府下达的事务
自治架构简图	河北省政府→河北第一区行政督察专员公署→清苑县署 倡办 保定商会（同业工会（行会）、商务裁判所、商团） 联络：唐山分会、大名分会、高阳分会、祁州分会、宣化分会、正定分会、辛集分会……分会 城市社会	直隶总督署→保定府署→清苑县署 统辖 监管 保定工巡局 配合 保定城议-董事会 城市社会	河北省政府→河北省第一区行政督察专员公署→清苑县署 统辖 清苑县第一区公所 街公所 城市社会

地聚拢各行会、商户等创办商务总会、分会。

在资金保障方面，相比于清苑县第一区公所经费由县政府各捐中抽取，按月发放，保定商会的经费由于并不来源于地方政府掌控的税、捐，而是商人群体自身的入会费、捐资等，因此更加独立。而保定城议—董事会的经费虽以自筹为主，看似独立，但由于所负责的是城市公益事业且主要构成群体没有像保定商会那样坚实的经济基础，因此，其经费最终仍主要从地方各捐中抽取，从而会受到地方政府的严密控制，而丧失独立性。

在执行机构方面，保定商会不但拥有由传统十三行会改造、扩展而来的同业公会，还有以坚实的资金保障支持组建的商团、商务裁判所，加之它还积极联络其他府州县镇的分会，其"保商振商"实践得以有头有尾。而保定城议—董事会则没有独立的执行机构，相关决议大都需要依靠保定工巡局等保定近代城市新式职能部门来执行，因此很难有头有尾。清苑县第一区公所更是由于资金保障受政府控制，人力资源与积极性也较为匮乏，最后成了一个政府政令的下达机构，而失去了创办城市公益事业的主要自治目标。当然，由于在清苑县城中县政府"四局"的存在，清苑县第一区公所似乎也没有承担太多创办城市公益事业的职责的必要。

6.3.2 近代保定商会实践中的政商互动困境

虽然保定商会相比于保定其他城市自治组织具有鲜明的架构优势与活跃的实践，并推动商人逐步代替传统士绅，成为保定近代城市社会与国家互动的主要群体，但相比于汉口等传统商贸城市在近代的商会实践，保定商会的近代实践中政府的存在感仍然很强，由此导致其近代实践仍然相对局促。近代汉口码头的"豪放"与保定码头"局促"的风貌对比就能够在一定程度上反映近代汉口商会与保定商会所处的实践环境（图6-4）。

图6-4 保定近代码头实景
图片来源：中国人民政治协商会议保定市委员会，2021

罗威廉（T. Rowe William, 1989）口中的汉口商会前身——汉口清末行会、会馆等传统商业组织尤为强大。当地一直以来的"小政府"（财政预算与人员配置均维持着相对较小的规模）为社会提供的充足的政治自主性，是汉口传统商业组织尤为强大的重要原因之一。而这一传统在其后成立的汉口商会的实践中延续了下来，即便与保定一样，不时受到地方政府、日本侵略者的钳制与掠夺，但依托租界带来的充足的近代化以及"九省通衢"的华中铁路与航运枢纽区位，也促动了汉口近代城市商贸的繁荣，汉口商会的实力也随之继续提升（张启社等，2007；李银丽，2008；刘杰等，2018）。保定商会近代实践相对局促的形象则可总结为在不断变动的政府控制下的商人的艰难实践（葛宝森，2011）。作为一座古代以政治为发展核心的城市，在没有汉口那样积淀深厚的传统自主商贸机制、以租界为载体的西方推动力等的情况下，保定商会明显无法独立于政府之外面对中国近代动荡的政治环境。在面对因政权更迭而遭到严重破坏的保定近代城市商贸环境时，保定商会根本无力自主恢复其商贸市场，需要向政府寻求帮助。如为了应对"庚子国变"四国联军侵入保定造成的持续商贸破坏，刚成立的保定商务总会向直隶总督、直隶布政司等提请借款；又如"壬子兵变"后，保定遭到蜂拥而至的士兵纵火抢掠，其后保定商会提请直隶总督向直隶省银行借款等。然而，这些借款活动往往会在受到政府的婉拒后通过出卖更多商会利益而艰难成功。进入日伪时期，政府与保定商会的关系更是从政商协作转变成了伪政府对保定商会的单向强制性控制，在新民会的裹挟下，无休止地为日本侵略者的侵略活动提供资助。

另外，保定商会在经历了四十余年积极地寻求与政府协作，积极地推动市政建设、经济发展、社会救济等城市公共事业后，其在保定近代城市社会与国家互动中的主体地位还是得不到保定社会各界的广泛认可。保定商会在政商互动中的日益膨胀，对自身地位的过高自诩，被批判为"盗用名义，强奸民意"，呈现出"政商—社会"脱节的国家与社会互动关系。

"保定各人民团体间发生风潮，缘保定商会日前曾以保各界民众名义赠送冀省会卸任警局长马超群'仁风普被'锦旗一面，三十日清苑农，工，妇女，教育，四团体于报端刊登启事，指责商会盗用名义，强奸民意，迹近招摇，有干法条，应将锦旗索回，挖去'各界'二字并公开道歉。一日商会方面亦声明辩驳各执一词，此事件内幕复杂，牵涉颇广，系保垣地方派系间步入表面斗争之启幕，事态可能继续扩大而造成党政商民间之大摩擦。"①

6.4 小结：在政府强烈影响下的保定近代自治探索与困境

经过一段时间的直隶省的国家官治制度改革示范后发现，清廷财政实力与治理能力的弱势都无法支撑地方官治制度改革完全实现以恢复地方秩序，需要重塑社会动员机制，激活社会力量以辅助地方政治制度的改革。加之国内立宪呼声的日益高涨，作为畿辅重地的直隶省被"钦定自治"，又一次成为基层政治制度改革——地方自治推行的国家示范。

保定在清末官治制度改革实践一段时间后，同样面临政府财政实力与治理能力捉襟见肘的困境，从而在国家的推动下，在近代主要创办了保定城议—董事会、清苑县第一区公所、保定商会三个地方自治组织。相比保定城议—董事会、清苑县第一区公所而言，保定商会有一个较为独立且有坚实的资金支持与执行保障的自治架构，从而在保定近代城市自治事业中更加活跃，并逐步成为保定近代城市社会与国家互动中的主要群

---

① 见 1948 刊登于《申报》的《为了一面锦旗问题保定各界发生摩擦》。

体,尤其是在面对前述国家铁路的建设、新学兴办的国家示范等国家投入时,保定商会成为响应国家正效应的代表,维护、强化与扩展水陆转运枢纽的效能,将京汉铁路正效应真正根植于保定近代城市变革进程中;积极响应国家号召,资助创办实业学堂。

但保定近代城市自治探索中的这些主要组织形式又大都体现出一个共同的特征,即受到政府的强烈影响,如:保定城议—董事会相比清末上海、东北等其他地区的地方自治组织,体现出强烈的政府主导、控制等影响,在自身没有强大的自主保障的情况下,未能发挥出实际的效用;即便是有着较为强大的自主保障的保定商会,相比于"小政府"、租界带动下的汉口商会等,也显现出了在不断变动的政府控制下商人的艰难实践态势。另外,逐渐成为保定近代城市社会与国家互动中的主要群体的保定商会也没有真正成为国家与社会之间的互动协调组织,却促成了保定近代城市"政商—社会"脱节的国家与社会互动关系。

第7章

铁路、官治、自治下的保定近代城市空间重组

铁路、官治、自治等方面的国家投入作为保定近代城市变革的主要推动力，也有力地推动着保定近代城市空间的重组：京汉铁路带来的大大增强的区域"农业商品化"，辅以保定商会的活跃实践等，推动着保定城市空间扩张直至城市空间结构的离散；近代官治制度改革中的文教改革，辅以保定商会的有力支持等，推动着保定近代城市新学兴办直至"学生城"功能体系形成；在道府一级治理单元弱化，保定城对于周边各县的行政控制力渐弱的同时，清苑县近代城乡区划开始分异，保定城市治理单元从四乡治理单元中析出（图7-1）。

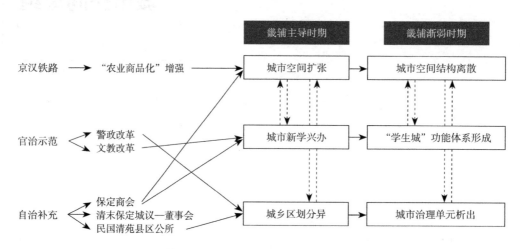

图7-1 铁路、官治、自治下的保定近代城市空间重组

7.1 "农业商品化"推动保定近代城市空间结构离散

7.1.1 保定近代城市空间加速扩张历程

京汉铁路等国家铁路干线网络助力的直隶/河北省"农业商品化"增强，在推动保定近代城市职能从直隶省会演变为冀中农产商贸中心的过程中，在保定官、商的支撑下，促成了保定近代城市空间的加速扩张：1899年京汉铁路接入保定以前，保定近代城市建设还未加速，仍以城内相对小规模的建设为主，比如修建淮军公所、疏浚城内水系等（图7-5）；1899年京汉铁路接入保定西关以后，保定近代城市建成区开始突破城墙向外扩张，尤其是进入1902年后，保定作为地方文教改革国家示范中心，开始筹建众多新式学堂，诸如直隶高等学堂（前身为中国第一所地方大学——畿辅大学堂）、直隶高等农业学堂（中国第一所高等农业学校）等一些重要的学堂在保定火车站附近的西关创办。京汉铁路保定南关支线于1903年竣工，对接保定南关津保府河航运码头，保定南关水陆转运枢纽形成，并开始带动保定南关的工商业发展（图7-6）；清末民初因政变、

兵变而遭到大肆破坏，保定由于京汉铁路、北宁铁路、津浦铁路等组成的直隶省国家铁路干线网络而大大增强的区域"农业商品化"，并在直系军阀与保定商会的支持下，保定南关水陆转运枢纽逐步恢复与完善，保定作为近代冀中农产商贸中心的职能也进一步成熟，城市空间依托西关火车站、南关水陆转运枢纽，进一步加速拓展，在城关地区布设了众多工厂与新式学堂以及彰显军阀实力的设施。在南关，有乾义机器面粉公司、福和公火磨公司等面粉工厂以及为保定供应电力的保定电灯公司等，在西关，自北向南有直隶公立医学专门学校、庆兴蛋厂、育德农具制作工厂、直隶高等农业学堂等。为了支撑西关、南关的发展，直系军阀首领曹锟下令对从西门通向火车站的西关大街进行了一定的裁弯取直，对从城市中心通向南关的南大街进行了拓宽，并在保定南关投建了曹锟花园、保定飞行场等（图7-2～图7-4，图7-7）。1928年后，直隶省改河北省，保定失去畿辅职能，区域"农业商品化"继续增强，冀中农产商贸中心职能在保定近代城市职

(a) 20世纪40年代保定西关航拍图

(b) 民国保定西关火车站

(c) 直隶高等农业学堂建校初期的观测所

图7-2　近代保定西关

图片来源：(a) 1945年保定航拍图；(b) 保定市莲池区档案局，2018：第331页；
(c) 保定教育史料选编编委会，2012：第199页。

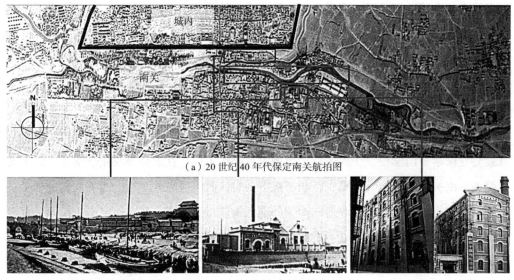

图7-3 近代保定南关

资料来源:(a)1945年保定航拍图;(b)保定市莲池区档案局,2018;(c)保定市莲池区档案局,2018;(d)中国人民政治协商会议保定市委员会,2021

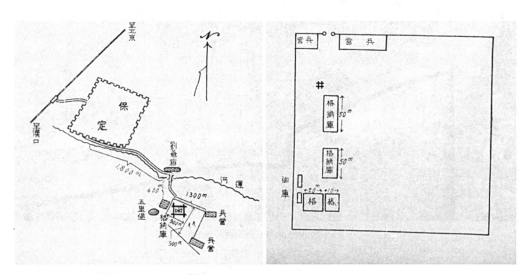

图7-4 民国保定飞行场建设选址与平面布局要图

资料来源:日军参谋本部,1927

能中的主导地位得到进一步巩固,最终,保定从"朝宗拱极,以官学畿辅为核""楼阁定心、有吴儿洲渚之想"的传统城市空间形制,演变为近代的"面津发展,依京汉铁路而兴""离心生长,成地区商学中心"的城市空间结构(图7-8)。

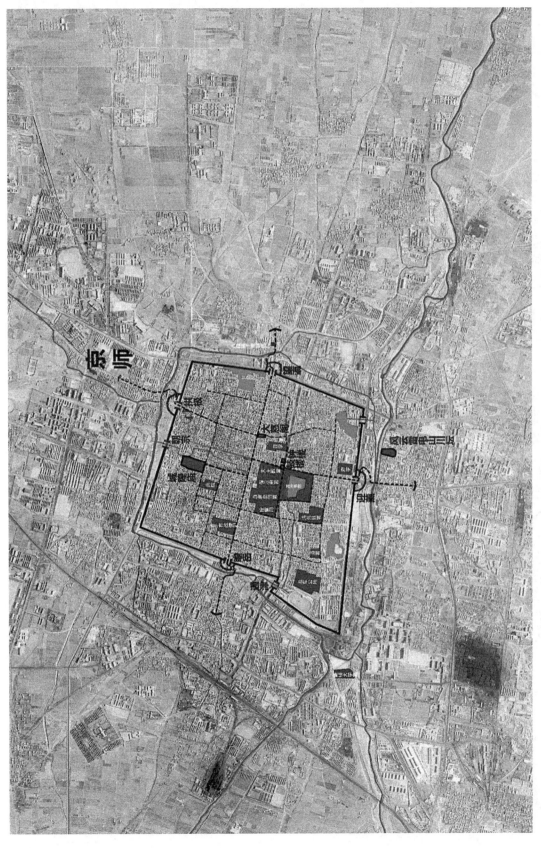

图 7-5 基于 1966 年卫片绘制的 1870—1899 年间保定城市形制复原示意图

第 7 章 铁路、官治、自治下的保定近代城市空间重组

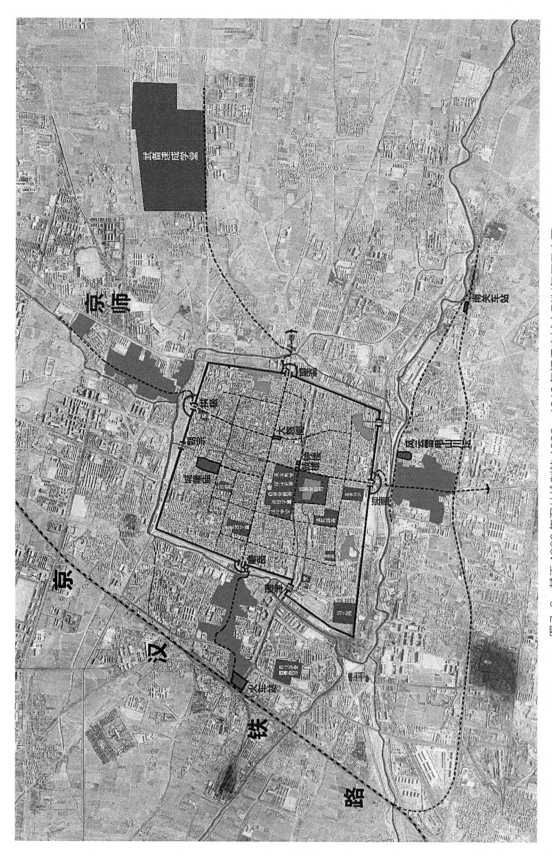

图 7-6 基于 1966 年卫片绘制的 1899—1912 年间保定城市形制复原示意图

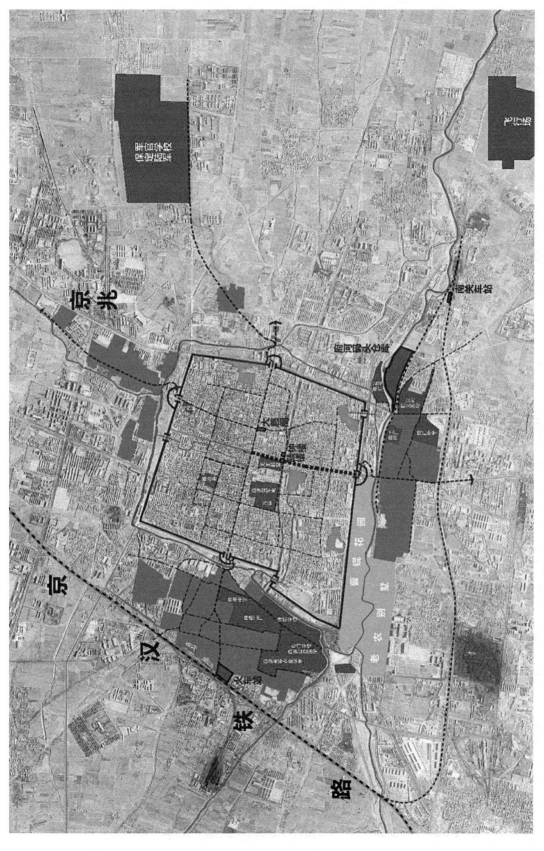

图 7-7 基于 1966 年卫片绘制的 1912—1928 年间保定城市形制复原示意图

第 7 章 铁路、官治、自治下的保定近代城市空间重组

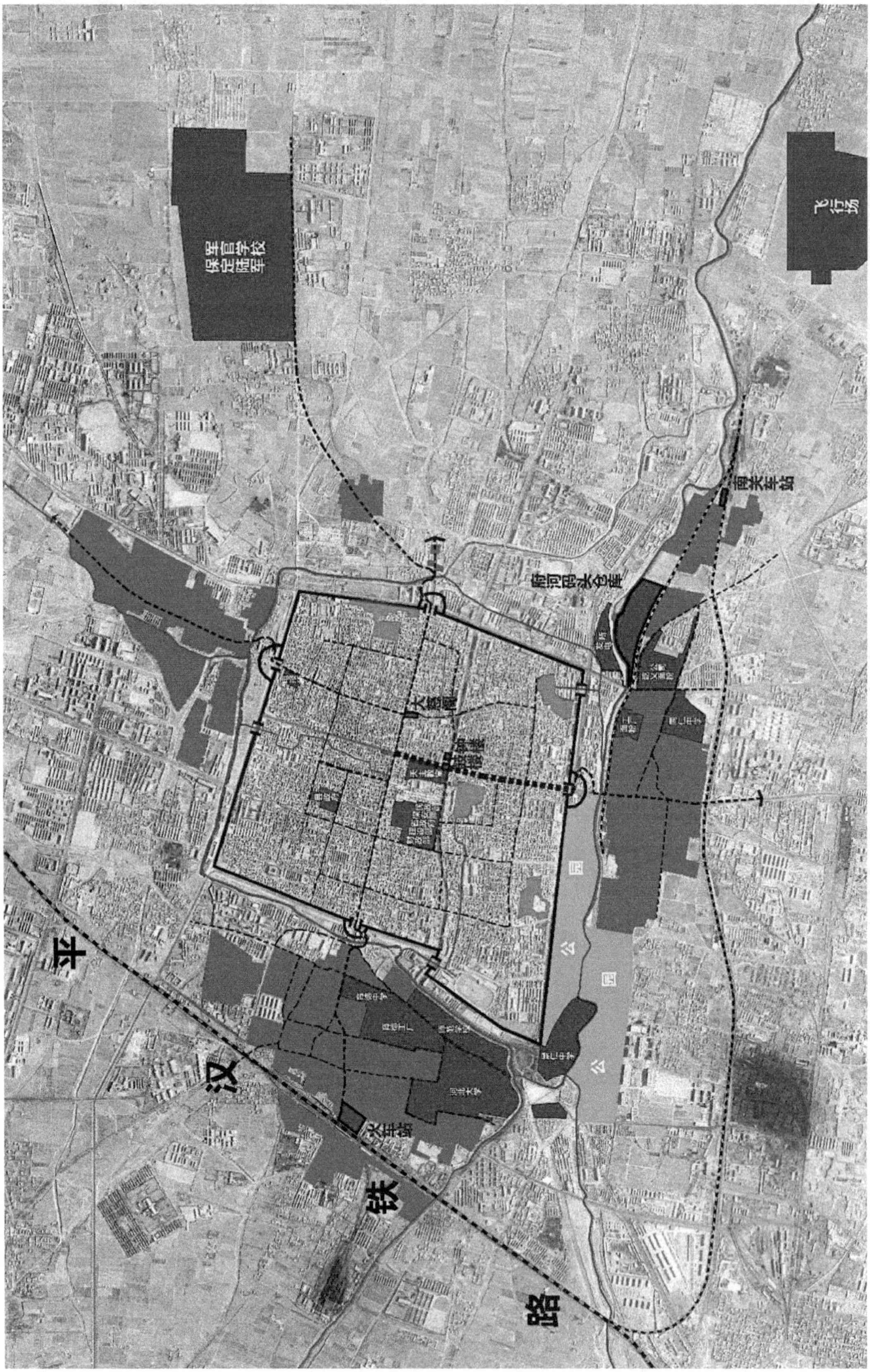

图 7-8 基于 1966 年卫片绘制的 1928—1948 年间保定城市形制复原示意图

7.1.2 保定近代城市空间结构离散分析

在中国古代，城市多呈现出城墙内核心、外边缘的空间结构关系，即：城墙内以"盛官"为要，围绕官、军、绅来组织城市功能与空间，是城市空间结构的核心所在；在城墙以外的城关地区则以"盛民"为要，发挥其地域宽阔、限制较少、低价便宜等优势，是工商业以及普通民众的聚集区，但仍大都是城市空间结构的边缘。即便有相当一部分古代城市因城市商贸发展而突破了城墙的束缚，在城墙以外的城关地区形成有相当规模的"附郭街区"（甚至有部分"附郭街区"的人口与建设用地规模超过了城墙以内的人口与建设用地规模），但多数仍保持着城墙内核心、外边缘的空间结构关系（鲁西奇等，2009）。城内核心、城外边缘的传统空间结构在古代保定"以官学畿辅为核"的城市空间结构中尤其明显。以直隶总督署为中心，以官办书院、学宫以及其他官衙（莲池书院、保定府学、清苑县学、贡院以及保定府署、清苑县署等各级各类地方衙门、官署）等为辅助，以商业、手工业、居住、菜园、军营等功能为保障，支撑着直隶总督署统御以保定为中心的省、府、县境，而在保定古代城市的城墙以外，除了少量坛、庙、观等，城市建设相当有限（图7-9）。

进入近代，直隶/河北省"农业商品化"增强，以通商口岸天津为中心的铁路接入保定，随之输入的对现代交通线、宽广的用地空间等有依赖性的新生产技术、新生产关系，推动保定近代城市在城墙与铁路之间的城关地区形成新的城市空间予以承接，并以此为接口，强化了保定腹地与国内外市场之间的商贸联系。与我国古代部分城市繁盛的"附郭街区"相比，虽然保定近代城关地区发展起来的城市建成区在功能构成上仍以工商业为主，但其对于整个城市空间结构而言有着不同的意义，即保定近代城关地区发展起来的城市建成区所容纳的功能不再是城市中边缘化的存在，城市功能主导因素不再是

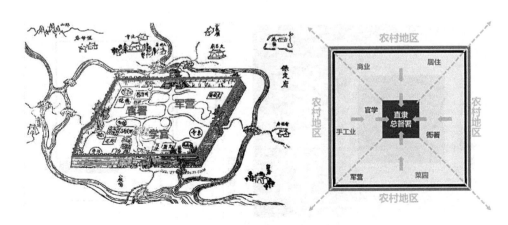

图7-9 保定古代城市空间结构分析
资料来源：新莲池书院，2017（左）

城内的官署、学宫，而是城关地区的火车站、码头、工厂、学堂，进而促使保定城市空间结构在近代发生显著变迁，逐渐反转了城墙内核心、外边缘的传统空间结构，围绕城墙以外的西关火车站、南关水陆转运枢纽，布局工厂、学堂等，构成了冀中农产商贸中心职能的城市空间结构主体，带动保定近代城关地区城市建设加速扩张（图7-10）。

近代保定城内工商业也在城关商贸兴盛的带动下进一步扩张。在保定的直隶省会治所逐步移驻天津，官衙所需用地有所缩减的背景下，保定近代城关的兴旺也带动了城内商贸职能的发展，并逐渐置换了部分官署职能。保定成为清末地方政治制度改革的国家示范以后，保定西关新式学堂与东关军校的兴旺吸引了众多学生，"西城学生，东城兵"推动保定城内东西大街快速复苏。进入民国时期，随着直隶省会正式移驻天津，保定城内的一些官署衙门因空置而出售转为他用，与此同时，直系军阀进驻，保定城内的商贸需求再一次升级，东西大街商业则进一步兴旺，形成了一条明清与民国风貌交融，东西贯穿保定的城市空间主轴。西大街西起西城门，东至南大街北口，长约850m，是古代保定最为繁华的一条街道。进入近代，在西关火车站及众多新式学堂的带动下，西大街商业进一步繁荣，国内外商品在此云集。建筑风貌可分为三类：第一类是中式单层或双层敞开式活动板门窗或精制木雕花饰门窗，顶部以木制檐板围合；第二类是中西建筑风貌相结合的建筑；第三类是以西方建筑造型为前立面、通体水刷石、方形大玻璃窗的楼房（图7-11）。东大街西起南大街北口的税务角，东至东城门，长约700余米，清朝曾驻有保定府通判署、后营守备署等官衙，湖广会馆、三晋会馆等会馆以及附属的一些商铺。到了近代，受东关保定军校成立等的带动，东大街商业日益繁荣，形成了以文化娱乐（建有保定第一座专业电影院——保定电影院）、百货零售等为主的繁华商业街。建筑风貌（图7-12）自西向东依次为：以中式板格门窗、顶部饰以雕花檐板的单层铺面为主（税务角至北大街南口）；以中西合璧式拱形门窗、防火墙、女儿墙构建的单

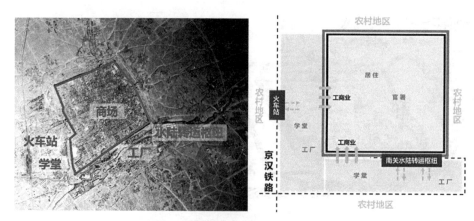

图7-10 保定近代城市空间结构分析
资料来源：1945年保定航拍图（左）

层或二层门面为主（北大街南口至撒珠胡同北口）；中式板铺和中西合璧式单层门面，间有高墙、大门、大院（撒珠胡同北口至东城门）。

另外，位于保定城内中心地带，西大街南侧，原众多官署衙门之间的"马号"，在清末民初的战乱中被毁于一旦，在地方绅、商的倡议下，在原址上建起了保定第一座大型商场，名为"老马号"，成为保定民国时期重要的"CBD"，是保定地区乃至察南雁北的商业中心之一，其中包括济善商场、两益商场、同益商场、西市场和第一楼等，是西大街上中西建筑风貌相结合的典型代表（图7-13）。

图7-11　保定近代西大街复原图
资料来源：王庆丰，2011

图7-12　保定近代东大街复原图
资料来源：王庆丰，2011

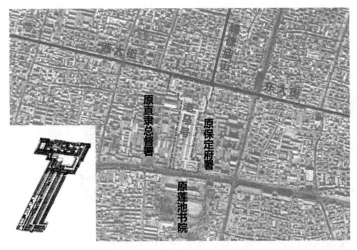

图7-13　保定近代城市中心的"CBD"——老马号
资料来源：王庆丰，2011

7.2 文教改革推动保定近代"学生城"功能体系形成

7.2.1 保定近代城市功能体系转变与城乡教育水平失衡

清末国家在保定城中推动文教官治改革示范而带动的新学兴办,促进了保定近代城市功能体系的转变,成就了保定"学生城"的美誉。保定作为清代直隶省会时,城市功能以直隶总督署为中心,设置官署、书院,配建各级学宫、寺观祠堂、军营校场、菜园、各地会馆等,附设其中的商业亦颇为繁盛。随着其后直隶省的军、政中心职能逐渐转移,"在政治上虽失了重心……教育却发达起来了……学生大概的统计约有几千人……"①保定近代城市新学持续兴旺,各类新式学堂及相关教育设施大量增加,逐渐成为保定近代城市功能体系中的主体(图7-14)。这些新式文教设施的空间布局主要分为两类:一类是利用城关开阔的空间,建设高等学堂、职业学堂等需要较大空间的设施,据不完全统计,建设于城关的新式学堂的数量约占保定近代城市新式学堂总数的35.7%(附录E),其中包括位于西关的中国第一所农业专科高等院校,即促使保定近代城市融入直隶/河北省"农业商品化"增强的主要技术支撑——直隶高等农业学堂,除了教学楼等基本校舍外,还建设有图书馆、气象观测台、实验楼以及学校园林等(图7-15);另一类是利用保定城中具备较大建筑空间且常常附有一定的室外开敞空间的

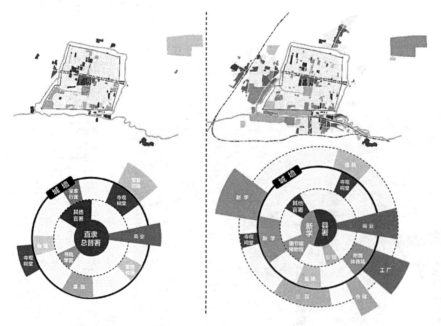

图7-14 保定古代(左)与民国(右)城市用地对比分析

---

① 见1933年刊登于《四十年代(北平)》的《保定教育鸟瞰》。

图7-15 利用保定西关开阔地带建立的直隶高等农业学堂
资料来源：保定教育史料选编编委会，2012

传统公共设施（包括官署、书院及各级学宫、寺观祠堂、军营校场、菜园、各地会馆等），将其功能置换为新式学堂、图书馆、博物馆、体育场等，据不完全统计，置换传统公共设施功能的新式学堂的数量占新式学堂总数的53.6%（附录E），其中包括1908年，时任直隶省提学使的卢靖筹款于莲池书院这座传统建筑内建成的直隶省近代最早的图书馆——直隶图书馆，共计两层42间，建筑面积240m^2，平面呈现"凸"字形，在凸出部分的顶部，建有一座钟楼（图7-16）。

20世纪30年代清苑县的238所新式学堂替代了均衡分布在城乡之间，此时仅剩40多所的传统私塾[①][②]，成为保定近代地方教育设施的主体，并以保定城为中心分级布局，建设投入大大向保定城倾斜。民国《清苑县志》中记载的1934年清苑县新式学堂相关数据：小学以上级别新式学堂共计13所，全部位于保定城中；保定城以清苑县全县10.92%[③]的新式学堂学校数量，占据了全县43.55%的新式学堂学生数与

图7-16 在保定莲池书院中建立的直隶图书馆

---

① 莲池书院与保定府学、清苑县学均位于保定城中，它们不仅仅是教育机构，更是研究机构与地方教育管理机构。
② 据《河北省天津等90县24年度短期小学及私塾统计》（《冀察调查统计丛刊》，1936年第1卷，第5期第34页）统计，1935年，清苑县还保有私塾39所，因此，估计1934年清苑县保有私塾40所左右。
③ 按当时国家政策要求，需要保证每村至少一校，所以在学校数量方面，保定城并不占优势。

61.52%新式学堂全年经费投入，保定城新式学堂平均每所学校生数、平均每所学校全年经费总数、平均每个学生全年经费总数均远超过保定四乡；即便单就小学而言，保定城新式学堂的平均每所学校生数、平均每所学校全年经费总数也均远高于保定四乡，分别高出293.62%、250.47%，仅平均每个学生全年经费总数稍低于保定四乡（表7-1）。

1934年清苑县新式学堂及其学生、经费城乡分布表　　表7-1

地址	学校类型	学校数（所）	生数（人）	全年经费总数（万元）	平均每所学校生数（人/所）	平均每所学校全年经费总数（元/所）	平均每个学生全年经费总数（元/人）
保定城	小学以上级别学校	13	5295	114.45	407	88038	216
	小学	13	2408	22.94	185	17646	95
	小计	26	7703	137.89	296	52842	178
保定四乡	小学以上级别学校	0	0	0	0	0	0
	小学	212	9984	106.74	47	5035	107
	小计	212	9984	106.74	47	5035	107
合计		238	17687	224.13	74	9417	127

注：小学以上级别学校指高等学校、师范学校、专业与职业学校、军事学校、中学。
资料来源：金良骥 等，1968

进一步整理民国时期中央研究院社会经济学家陈翰笙启动的著名的"无锡、保定农村调查"中，保定四乡11座样本村落1930年、1936年、1946年三年的农民文化程度的数据发现（附录F）：在民国保定城中各新式学堂近90%的生源来自于附近农村的情况下[①]，保定四乡的受教育人口流失非常严重。虽然经过民国时期对乡村基础教育的经营，保定四乡的学龄儿童在学率多在10%~40%之间保持着稳中有进的态势，然而，多数乡村14岁以上的接受过教育的常住人口占比仍长期保持在20%以下。这主要是由于小学以上级别学校均在保定城中，进城攻读中学及其以上学历的学生更是极少返乡，初中以上文化程度常住人口占各村常住人口总数的比例长期保持在1%以下（被调查的11座村庄中，仅有紧邻保定城的薛庄村的初中以上文化程度人口数量能够持续超过全村常住人口数量的1%），初中以上文化程度人口流失率大都长期保持在30%以上，1930年的蔡家营村与1936年的李家罗侯村的初中以上文化程度人口流失率更是达到了100%（图7-17~图7-20）。

---

① 见《保定的中等学校》，1933年；《保定同仁中学学生剪影》，1937年。

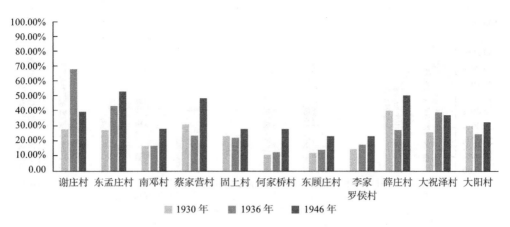

图7-17 1930年、1936年、1946年清苑县11村常住学龄儿童（7~14岁）在学率
资料来源：附录F

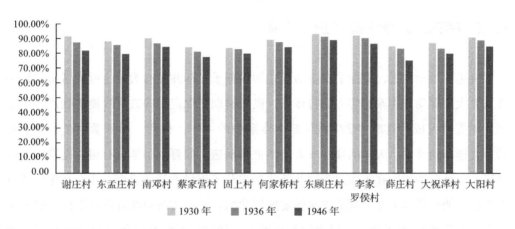

图7-18 1930年、1936年、1946年清苑县11村14岁以上常住人口文盲率
资料来源：根据附录F

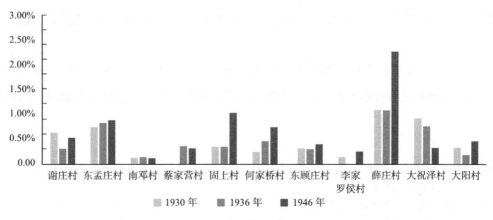

图7-19 1930年、1936年、1946年清苑县11村初中以上文化程度常住人口占比
资料来源：根据附录F

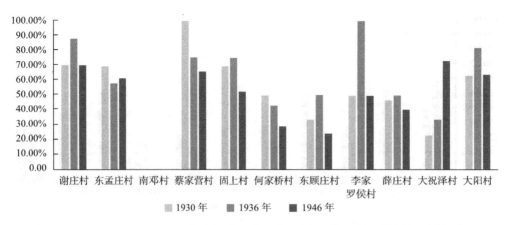

图7-20 1930年、1936年、1946年清苑县11村初中以上文化程度人口流失率[1]
资料来源：附录F

7.2.2 保定近代"学生城"的质朴氛围

快速的新学发展，聚拢了众多的新式知识分子，却并没有为保定近代城市的繁荣带来太大的促动：在军阀势力的打压下，民国时期的保定高等教育没能得到进一步发展，中等教育成为这座"学生城"新学体系中的主体，相当一部分学生在中学毕业后，会选择到北平、天津的高校或者留学进行深造，如育德中学设有留法高等工艺预备班。更重要的原因在于保定为这些新式知识分子提供的就业机会太少，在保定的直隶省会职能转移至天津，且清末在保定城创建的各类地方政府新式职能部门只剩下少部分县一级机构的背景下，周边的北平城、天津城、高阳县城等立足于更高级别的政府职能或优于保定城的新式产业发展，吸引了众多在保定培养的新式知识分子前去就业。如1935年统计，保定工业职业学校的各科毕业生，毕业后到"平、津、高阳、塘沽各工厂者，约占55%"[2]，从而造就了保定近代"知识分子城市化"的"过渡"现象。

90%来自于破产农村[3][4]的学生群体潜心于学校内的活动与学习，对学校外的文化事业的推动都乏善可陈（表7-2），为保定近代城市营造出了质朴的空间氛围：到了20

---

[1] 南邓村1930年没有初中以上文化程度人口，1936年与1946年初中以上文化程度人口均仅有初中学历人口1人且均为常住。
[2] 保定教育史料选编编委会，2012：第226页。
[3] 见《保定的中等学校》，1933年；《保定同仁中学学生剪影》，1937年。
[4] 见1935年《保定》一文，其中谈到保定城四乡严重的破产情况时指出："……在乡下，异口同声的是没有现钱，有些村子的现钱聚在一起也不够换一块现洋的……高利贷在农村盛行，已经不再讲利息，都是说借多么高的一截还多么高的两截……"

世纪30年代,都是统一的"粗布制服粗布鞋",开销也非常有限,"学校饭费每月平均五元,中学生一年所花费大多数不足百元",并且"没有投机取巧的小聪明,也没有阴谋诡诈的手段",同时仍然保持着"男女授受不亲"的观念①,此时的保定"没有像平、津那种繁华,如女招待、歌女、舞女、交际明星等等的引诱。也没有那饮冰室、西餐馆、舞场、百货店等等都市上的点缀品。一切的居民,大多日出而作,日入而息。市民中,最多的是学生和士兵,其他是本地商民,他们的生活大都很有纪律。无所事事,专以酒食相征逐,或终日以听戏看电影为职业的很少,可以说没有。因此本地的戏院,都是时演时停,无论是多好的戏班,很难延长演到两星期的。至于市民的衣食住行,也大都守规则。在平、津,甚至于定县,我都看见过在夏天光腿的、赤足的密斯们,但是,直到今日写此文时,也从未见过这种摩登的安琪儿!假如在此地,男女在街上并肩交臂地走着,那真要被千人所指了。所以有太太人们,也只能很规矩地随在她后面走,然而有时还被人侧目而视……"②(图7-21)。

1934年保定乏善可陈的城市文化事业情况 表7-2

类型	数量	概述
出版界	除校刊外有4种,即《振民日报》、《民声日报》、《幽燕》半月刊、《保定新青年》	《振民日报》、《民声日报》是每日一出的小报,刊登新闻与本地学生的一些作品,但政治新闻信息时效性较差。《幽燕》半月刊是偏重于文艺的刊物,《保定新青年》刊登青年应有的政治和科学知识以及文艺与各校新闻等
文化机关	3处,即河北省民众教育馆、清苑县民众教育馆、戏剧改良社	河北省民众教育馆设在莲池书院内,尽力于民众学校与民众娱乐。清苑县民众教育馆已搬出城内,主要从事乡村工作,例如举办乡村巡回书展等。戏剧改良社是一种变相的票友的票房,也成立了一所学校,教学生学二簧、昆曲等传统戏剧
书店	很多,较大的有商务印书馆、中华书局的分馆以及直隶书局、河北书局、文德堂,较小的有文化书社、竞新书局等	时效性、多样性很差。所售书籍多半是教科书,此外也有一些时事类、文学类刊物售卖。购买新出版的刊物较难,新出版的书非到一月、二月以后,是不易得到的

---

① 见《保定教育鸟瞰》,1933年;《保定同仁中学学生剪影》,1937年;《保定的中学生》,1936年;《保定学生之优点缺点》,1934年;《保定》,1935年;《河北省中等教育区保定之素描》,1934年。
② 见1934年刊登于《众志月刊》的《河北省中等教育区保定之素描》。

续表

类型	数量	概述
娱乐方面	2处传统戏园	比较不发达。2处戏园还保留清光绪年间的格式，男女合座是不兴的，主演二簧、秦腔、昆曲等。莲池书院公园也曾放映过露天电影，但观众很少

资料来源：1934年《中国文化建设协会会报》

图7-21　民国保定城市中质朴的学生
图片来源：1915年《妇女时报》（左）与1930年《保定民生中学校刊》（右）。

但也正是这样质朴的学风，维持着保定新学发展的质量，甚至有"保定的学生，除不'摩登'以外，其他各方面恐怕要驾乎于平津学生之上"①的评价。虽然新学的快速发展没有为保定近代城市的发展带来太大的促动，但不论是探索中西学融合的莲池书院，还是后来兴盛的新式学堂，都为京师（北平）以及整个直隶/河北省源源不断地供给着新式人才，进而带动区域城市近代化发展。前者如刘春霖、傅增湘等，后者如梅贻琦等。

7.3　行政区划演进下的保定近代城市治理单元析出

7.3.1　保定清末府治弱化与城乡区划分异

进入近代，为了改变地方混乱的秩序，加强对地方社会的控制，在省、县之间道府一级行政实体逐渐削弱的同时，国家将大量的治理关注与资源下放至基层治理单元——县。"府"被清末《各省官制通则》弱化为省、县之间上传下达的行政实体：向辖县传

---

① 见1933年刊登于《华年》的《保定的中等学校》。

达直隶省"三司两道"的命令，监督、指挥辖县等执行相关行政职责。保定府同样如此，虽然保定工巡局被成立在府一级，但由于政府行政力量与财政实力的匮乏，其治理实践活动在大多数时候（1911年席卷东北与华北的疫情中，保定工巡局积极涉足保定府各县的防疫实践）难以到达清苑县以外的辖县，作为府治所在地的保定城，对府境内其他15县（定兴县、新城县、容城县、满城县、安肃县、雄县、安州、完县、唐县、望都县、高阳县、博野县、蠡县、祁州、束鹿县）的行政控制力也就随之下降。即便在清苑县以内，行政力量也多聚焦于保定城以内。清末保定城中开展活跃的地方官治制度改革，难以在四乡推广，这改变了中国传统的"国家被视为一个无差别的整体"的治理特征，推进了保定近代城乡县以下治理分异，以官治为主的城市治理单元逐渐从以自治为主的四乡治理单元中"脱颖而出"。

保定清末城市警区的官治属性。保定清末城市警政国家示范将保定城划分为六个警区（城墙以内划分为西北、东北、西南、东南四区，城墙以外西、北两关与东、南两关各划一区），设立保定工巡总局以及各区分局，由各区分局巡官、弁、长、目、兵以及消防队等直接对各区公共卫生、社会治安、城市建设等方面进行管理，实现了活跃的官治治理实践，收获了不错的成效。保定警区这一"制度赋权后的空间增量"（杨宇振，2019）与保定清末城市空间的扩张也紧密相关，在城关单独设两警区，对铁路经济与文教改革带来众多商人、工人与学生等流动人口进行空间治理回应。

相比保定清末城市警区的官治主导，保定清末四乡警区带有明显的自治属性。1907年，随着保定清末城市警政在四乡推广，腹地乡村也开始划设警区、设立分局，由巡警与村正、村副、巡董协作监管乡村社会秩序。在保定清末四乡警区中，虽然巡警仍负责管理所辖警区的聚赌、纵火、行窃、窝贼、违碍治安等行为，并捕获、押送犯人，如若警力不足，还可密报分局长官，组织警力支援，但仍强调需要"熟悉本地情形""含有地方自治性质"的"村正""村副"负责"稽查报告"，以配合"有强制执行性质"的"巡警"执行警权。主要包括三个方面的配合：一是"四乡牌头稽查所管各户，如有聚赌、放火、为匪、窝贼及面生、形迹可疑之人均应隐密知会巡警，捉送分局讯办"；二是"四乡村正副遇有重要事件，如村中窝藏巨盗、容留拐带、开局聚赌之类，就近知会巡警或密报该管局区督，带长警逮捕之"；三是"四乡各村正副牌头如有第一条、第二条罚惩示儆之件，均将应罚之人归与巡警，转送该管分局讯明罚惩，不得私自议罚，如违警规，定行传惩不贷"[①]。另外，鉴于"四乡巡警经费不足，向由各村筹摊，而交款无定期，经理无专人，似觉散漫无章，若统归巡官管理又势难兼顾，故每局应添帮办之人，

---

① 见《保定工巡总局吴道筱孙禀送规定四乡巡警与村正副权限规则示稿文并批》。

以资分任局事"，这一帮办即指每一警区另设的"义务警董"，也称"巡董"。巡董由各警区的村正、村副等举荐、投票选出，选出的巡董自身一定要具备较为充足的财富，以尽可能避免其以此职敛财。选出的巡董由各警区分局上报保定工巡总局注册、备案，若没有特别特殊的缘由不允许推辞，常驻分局履职，一般三年一换届，最多连续任职两届，每月有各项补贴10两。每一季度，各警务分局将巡警经费的预算分配下达至各村，巡董组织各村村正、村副在各警区内，主要面向各村殷实商、民收取、催缴、核算、公布巡警经费，如遇到拒不缴纳的，各村村正、村副上报巡董，再由巡董呈报保定工巡局与清苑县署，以派巡警前往催缴。另外，巡董还须在经费收缴过程中监督各村村正、村副，而巡董则接受巡官的监督，以避免贪污公款。除此之外，巡董不能涉足所在警务分局的其他事务①。

相比清末保定四乡警区，主要面向保定四乡的学区的自治属性更为明显。依据1906年直隶学务处各属《劝学所章程》，成立了清苑县劝学所（地方官担任监督，另设总董一人），将保定城乡分为五个学区，每区各设立劝学员一名以及高等小学堂一处，但实际上劝学所主要统领保定四乡的新学兴办，保定城的新学兴办仍由直隶学校司为主体的官治主导②。在劝学所中，除地方官为监督以外，实际运营劝学所的总董与每个学区设置的劝学员大都为地方士绅（要求总董必须为品行端正，有留洋经历，或者进入过新式师范学堂学习的年过三十的地方士绅）③。

7.3.2 民国时期保定城市治理单元析出

进入民国北京政府时期，"府"被正式废除，改为具有一定行政实权的"道"。根据1913年出台的《划一现行各省、顺天府、道、县地方行政官厅组织令》《各省行政、道观察使、道、县知事公署暂行办事章程》，保定道观察使领导内务、财政、教育、实业四科，实管辖区内行政事务。实际上，保定道的辖区面积虽然远远超出保定府，但并没有起到对辖县的绝对统辖作用，同样沦为省县之间的"传声筒"。进入1928年后，"道"又被废，地方治理单元层级一度简化为省、县两级。后为增强对基层治理单元的监控，再一次恢复了省、县之间的行政实体，即"行政督察区"，但这一行政实体仅保有监察、协调的权力，对县一级行政实体并没有绝对的统辖权力，保定作为"河北省第一行政督察区"治所所在地，对河北省第一行政督察区下辖的除清苑县以

---

① 见《保定四乡巡警各局应设巡董分任局事章程》。
② 见（民国）《清苑县志》。
③ 直隶学务处各属《劝学所章程》。

外的六县仅保有监察、协调权。可见，此时保定对周边多个县的行政控制力几乎已消失殆尽。

清苑县民国城乡治理单元分异进一步加剧。保定各警区分局之下再添设分驻所，相比城市中直辖于总局的分驻所，四乡大都下辖于分局的分驻所，其官治能级相对较弱：保定城内于保定西关、南关的重要节点——火车站西、学校聚集的西下关街、南关水陆码头所在地舟止舫头街设置直辖于总局的分驻所，以强化城市官治；在四乡四警区之下设分驻所九处，大都分属于分局（图7-22，表7-3）。1928年，民国南京政府颁布《县组织法》，以警区为参照，保定城乡县域进一步划分了两级县以下自治区划——区及其下辖的街、乡、镇。清苑县划分为7区，下辖街公所6处、镇公所11处与乡公所233处（表7-4）。这样的两级地方自治单元仍主要指向保定四乡，而保定城所在的清苑县第一区治理事务由清苑县政府下辖"四局"履行。

民国时期保定城乡警区划分与机构设置　　　　表7-3

区域	警区	分局	驻地	分驻所
保定城	中区	第一分局	西大街	—
	东区	第二分局	火神庙	—
	南区	第三分局	南门里西马道	舡舫头直辖分驻所
	西区	第四分局	西关大街	西下关直辖分驻所、车站西直辖分驻所
	北区	第五分局	琅瑚街	—
保定四乡	乡东区	第一分局	西藏村	第一分驻所在高家庄、第二分驻所在东石桥
	乡南区	第二分局	张登镇	第一分驻所在北王力村、第二分驻所在王盘镇
	乡西区	第三分局	南大冉村	第一分驻所在大庄镇、第二分驻所在阳村镇
	乡北区	第四分局	大激店	第一分驻所在魏村镇、第二分驻所在薛家庄、八里庄直辖分驻所

资料来源：金良骥 等，1968

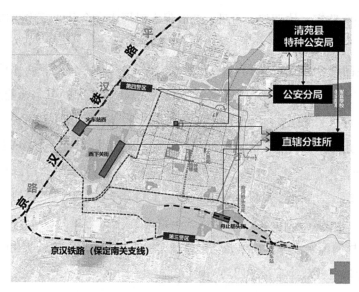

图 7-22 针对城关繁荣的保定城市警制架构深化

民国清苑县以下自治区划与机构设置   表 7-4

区名	成立时间	区公所			镇公所数	乡公所数	街公所数	保卫团团丁数
		地点	组织	员丁数				
第一区	1931年	城内莲花池	未分股	区长1名；助理5名；雇员1名；区丁2名	—	—	6	10
第二区	1931年	富昌屯	分三股	区长1名；助理3名；区丁5名	0	39	—	20
第三区	1931年	西藏村	未分股	区长1名；助理3名；区丁6名	0	44	—	20
第四区	1930年	白团村	未分股	区长1名；助理3名；区丁6名	3	54	—	20
第五区	1931年	草桥村	分三股	区长1名；助理3名；区丁6名	2	32	—	19
第六区	1930年	张登镇	未分股	区长1名；助理2名；区丁4名	3	28	—	20
第七区	1930年	北段庄	未分股	区长1名；助理2名；区丁4名	3	36	—	20

资料来源：金良骥 等，1968

伪保定市公署建立标志着城市治理单元析出。1937年后，保定沦陷，伪河北省政府成立，又重设保定道，下辖清苑县、定县、定兴县、新城县、易县、蠡县、安国县、满城县、徐水县、唐县、望都县、高阳县、行唐县、涞水县、新乐县、容城县、博野县、完县、雄县、安新县、曲阳县等县，并设有民政、财政、教育、建设、警务五科[①]。在伪河北省公署的推动下，呼声已久的保定市（1930年由于人口不及20万的建市标准而未被民国河北省民政厅通过[②]）于1942年成立，以民国时期划设的清苑县第一区为市区，跳过清苑县，直辖于保定道[③]。虽然未能建立起长期的独立行政架构，但保定市公安局与清苑县特种公安局等呈现出"一套班子，两块牌子"的状态，并且保定市在1945年日本侵略者投降后即被国民政府撤销，保定市区恢复为清苑县第一区，但保定城市治理单元从周围四乡中析出已不可逆转。

[①] 见1943年《保定道五年施政纪要》。
[②] 见1930年刊登于《农民》的《保定暂缓设市》。
[③] 见1942年刊登于《新河北》的《庆祝大保定市成立》。

第 8 章

两组对比与保定近代城市变革机制分析

8.1 与保定近代城市变革对比的对象选择

跳出保定，通过域内与域外两组对比，进一步揭示保定近代城市变革机制。域内对比考察同样位于近代直隶/河北省的城市，选择其中的天津、石家庄、唐山三座典型的受国家推动的近代变革城市，与保定进行近代城市变革对比分析。域外对比则进一步拓展对比范畴，将保定这一座位于当今京津冀区域的城市，与位于当今我国另外两个重要城市发展区域——长三角、珠三角，同样在近代少有列强直接影响的两座城市——南通、中山进行近代城市变革对比分析，并且它们还都体现出一定的国家推动近代城市变革的特征：南通近代城市变革是在国家权臣张之洞禀明清廷后授意下属张謇领导开始的，主导南通近代城市变革的张謇不但是南通本土地方精英，也是中央政府的重要官员，他在领导南通近代城市变革期间，曾担任中央政府实业、农商、水利总长；中山近代城市变革的高潮出现在1929年被民国南京政府确定为当时全国惟一的直辖中央的"模范县"，并且在中央政府之中特别设置了中山县训政实施委员会，由中华民国第一位内阁总理、中山本土侨民——唐绍仪担任委员会主席及中山县县长，基本确立了中山直辖于中央的"特区"体制，给予了不少的国家特殊政策优惠。

8.2 域内对比：保定近代城市变革的波动性显著

作为首都北京水路门户的天津，自1860年被迫开埠起，在府城东南、沿海河两岸、紫竹林一带陆续开辟多国"租界"，为天津带来了持续且深厚的西方文明，外国人开始在租界内兴办教堂、银行、医院、洋行、学堂、工厂、邮政、报刊等，急剧推动着天津传统城市建设与治理的变革。尤其是在1900年"庚子国变"之后，八国联军占领天津，建立天津都统衙门，拆除城墙，建设环城道路，租界进入大规模的扩张与系统性的规划建设时期，众多现代规划与建设思想进入中国广大民众的视野。租界在天津晚清城市变革中的介入：一方面迫使清廷将直隶省的治理焦点从内陆省务向沿海洋务转变，大规模地推进国家基建与制度投入，除了在天津投建北洋机器局等众多洋务项目外，更为重要的是在清末新政时期划设"河北新区"容纳制度改革示范，以与列强争夺畿辅的军事、政治、经济主权；另一方面，在与动荡的国家大势紧密相关的直隶省政局中，吸引、凝聚地方资源，为天津近代城市变革保持着在动荡的近代难能可贵的持续、稳定的地方发展动力，得以将阶段性的国家投入有效纳入地方城市持续发展的进程之中，推动天津在民国北京的首都职能渐弱的背景下，能够持续变革、发展，成为华北地区经济中心，展开"大天津"构想（董鉴泓，2004；李百浩等，2005）。

与保定同为直隶/河北省内京汉铁路沿线重要交通枢纽的石家庄，在近代受铁路经济推动更加明显。在1906年京汉铁路全线贯通后,石太、石德铁路也先后于1907年、1941年接入石家庄,使得石家庄从一座小村庄,经历了1907年京汉铁路支线——正太铁路竣工,1925年石门自治市成立,1938年后日伪政府对石门市的经营与京汉铁路的另一条支线——石德铁路的通车,1945年后的战后恢复等持续的发展,成为华北地区最为重要的内陆铁路枢纽城市之一,立足于石家庄腹地丰富的棉花、煤矿(井陉煤)产出,运煤业、棉纺织业等繁荣兴盛。在直隶省这一国家力量强大的地区,起始于一座小村庄的石家庄,在清末城市工商业发展的过程中具有难得的相对宽松的政府控制环境。即便进入民国时期后,石家庄也因强势的经济发展而得到了军政地位上的快速升级,仍然被确立为在财政、司法等方面拥有较大自主权的省辖自治市。石家庄在近代城市变革中依托京汉铁路等形成了较为持续、强劲的地方推动力(李惠民,2007;敬鑫,2015)。

为辅助天津北洋军事工业创办的近代工矿城市唐山,其近代城市变革起始于1878、1879年清廷批准,时任北洋大臣李鸿章领导投建开平矿务局、唐胥铁路。围绕开平矿业,李鸿章、地方政府以及开平矿务局等为满足开平矿业发展的技术需求、员工生活需求以及其他工业产出需求等,在清末于唐山创办唐山交通大学等新式院校、细绵土场(即水泥厂)以及别墅区、工人居住区与附属医院、商业中心、娱乐设施(跑马场、俱乐部)等,在30余年里,由偏远、落后的滦州所属开平乡镇所在农业地区,规划建设成为一座规模不大但"五脏俱全"的近代城市,从19世纪70年代末100人左右的农业人口发展为1910年以工矿职业人员为主的约5万城市人口。进入民国时期,随着列强资本的逐步侵入与民族资本的逐步崛起,唐山工商业中的政府力量逐步退出,如开平矿务局、开滦矿务局被英商资本介入并逐步垄断,民族实业家周学熙等收购唐山细绵土场,创办启新洋灰公司,创立天津华新纺织公司唐山分厂等。在这些地方大企业的引领下,唐山迎来了工商业的进一步繁荣,医疗、教育、供电等方面的设施快速增加与升级,服务于以矿业为中心的城市发展。1937年后,受日本殖民与战争的影响,唐山近代城市发展受到一定的阻碍,但在1938年日伪政府推动建市后(并未像日伪政府推动建立的保定市那样在1945年抗战胜利后即撤销,唐山市建制在1945年抗战胜利后得到了承继),仍然保持着持续的发展(闫永增,2007;许方等,2018)。

相比之下,保定近代城市变革则表现出显著的波动性。先后由国家权臣袁世凯、曹锟主导而断续发展,形成了两个"黄金时代"(图8-1、表8-1):第一个"黄金时代"以1902年袁世凯在保定首创警政始至辛亥革命爆发而止,保定作为地方官治制度改革的国家示范与地方自治制度改革的直隶省示范,加上京汉铁路竣工,近代城市变革进入快车道;第二个"黄金时代"是曹锟在保定营建直系军阀大本营时期,依托直隶/河北省国家铁路干线网络成型带来的"农业商品化"大大增强,军阀与商人协作开创了保定近代城市工商业发展的巅峰,同时投建了各种彰显军阀实力的设施。由于保定与中国近代动荡的国家大势紧密联系，两个"黄金时代"的国家动力均因战乱与政变而在约10年之后遭到中断。在1928年首都南定后，保定更是一度降为县城，失去了国家动力。直到1935年河北省会重回保定后，保定近代城市发展才重回正轨而稳定。这一波动性很大程度上与保定在清代作为两百年直隶省首府形成的城市发展与政府行政力紧密联系，而在近代与"路径依赖"有关。国家力量强势介入时，城市变革剧烈，国家力量因政局动荡而弱势，甚至退出时，城市变革则衰退。

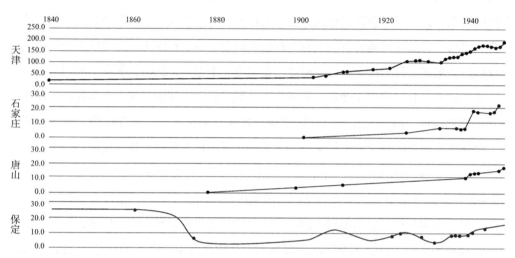

图8-1 天津、石家庄、唐山与保定近代城市人口与建成区演变对比

资料来源：李竞能，1990；张利民，1991；李惠民，2005；张利民，1998；闫永增，2007；金良骥 等，1968；绮文，1943；白眉初，1924；1923年刊登于《直隶自治周刊》的《调查清苑县报告》；1939年《河北省公署第一次召集道尹会议纪要》；1935年刊登于《河北月刊》的《保定一览》；1937年《冀察调查统计丛刊》。

保定近代城市变革"黄金时代"分析　　　　　　　　　　　　表8-1

黄金时代	国家制度改革示范时期	直系军阀大本营建设时期
时段	1902—1911年（10年）	1916—1924年（9年）
主政人物	袁世凯（直隶总督兼北洋大臣）	曹锟（直隶督军）
在保主要建设实践	地方官治制度改革全国示范。首创警政，设立首个省级新学政府机构——直隶学校司 地方自治制度创立。立足于天津经验，作为城市议—董事会全省首创，并建立商会 京汉铁路竣工。突破城墙，快速扩张	保定近代城市工业发展达到高潮。依托京汉铁路，军阀与商人共同注资创办各类近代工业 开展彰显军阀实力的建设活动。建设军阀官邸——光园，在南关建设"曹锟花园"、南关机场 清末新学成果持续兴旺
衰退原因	清朝灭亡，曹锟受袁世凯指使发动兵变。北洋政府建立后，直隶省会正式移驻天津	直系军阀先后被奉军与国民革命军击败而逐步瓦解，1928年首都南定，保定降为清苑县城

8.3 域外对比：保定近代城市变革的非系统性显著

地处当今长三角地区的南通，因近代相对远离国家军政中心而具有较为稳定、封闭的发展环境。在这样的背景下，南通近代城市变革由同时作为中央政府重要官员与南通本土地方精英的张謇领导，围绕大生纱厂生产体系在1895—1925年间连续推进，并呈现出显著的区域系统化。1895年，在国家权臣张之洞禀明清廷后的授权下，张謇领导组织通州、海门等地区的工商业发展，以求自救。以张謇利用江苏商务局暂存于上海的两万余台进口纺纱机，于唐闸投建通州大生纱厂为起始，在1900—1912年间，先后于唐闸、天生港、南通城建设附属工厂以及各种配套设施（如基建类的提高大生纱厂运棉效率的大中通运公行，工业类的位于南通城以东，近邻黄海的吕四建设了大生纱厂的原料基地——通海垦牧公司，文体类的支持大生企业体系文化教育事业的翰墨林印书局，慈善类的当时全国规模最大的育婴堂——南通新育婴堂，行政类的保卫大生区域生产体系的实业警卫团等），并建设连通唐闸与南通城、天生港的干线公路——城闸路、港闸路，在以南通城为中心的约10km的范围内形成了"一城两镇"格局。进入民国北京政府时期，这一体系进一步规模化与复杂化，除了唐闸、天生港、南通城的附属工厂以及各种配建设施进一步完善外，先后在海门、天生港、如皋、南通城建设大生纱厂的第三、五、七、八分厂，各种配建设施亦进一步多样化，尤其是以狼山为中心，形成了容纳文体、别业等的休闲游憩区。与此同时，区域干线公路里程进一步增加，修筑了南通城经唐闸至如皋的北干线，南通城至吕四的东干线以及南通城至海门的南干线。这样连续的区域系统化变革推进，虽然仅从1895年到1925年持续了30年左右，但其成效还是相当可观的，南通城城市建成区从明清的1.47km²增加至1936年的4.94km²，南通城及唐闸镇城镇人口从1909年的9.6万上涨至1920年的16.6万，增幅分别为236%与73%。另外，分别于1905年、1920年成立的管理大生纱厂生产体系物业的懋生房地产公司、闸北房地产公司以及于1921年成立的南通交易所等较为高级的第三产业形态也能够体现南通近代城市变革的系统性（于海漪，2005）。

地处当今珠三角地区的中山，于1929年被确立为全国惟一的"模范县"，于南京国民政府中成立中山县训政实施委员会，由中华民国第一位内阁总理、中山本土侨民——唐绍仪担任委员会主席及中山县县长，基本确立了中山直辖于中央的"特区"体制，享有地方税收可自留50%、设置无税口岸等特区政策。至此，唐绍仪在民国南京政府的支持下，从中山免税港建设、市政建设、新学兴办、农林渔牧业改良等多个方面，出台《中山港建设大纲》《农林建设计划纲要》等，有计划地连续推进中山近代城市全面变革。虽然中山模范县建设的持续时间不长（至1937年抗日战争全面爆发而止），没有张謇在南通开展的围绕大生纱厂的近代变革那样尤为显著的系统化，但于中央政府设置专门的机构，从多个方面推进中山县的近代变革，相比于其他由中国人主导的近代变革，仍表现出相当显著的系统化特征，并促成了中山近代城市变革的高潮。到1936年，城市人口达到近10万人。这一近代城市发展高潮离不开自19世纪40年代"出洋潮"以来，逐步形成的中山侨乡社会基础。从海外归来的侨民自晚清开始就为中山带来了先进的企业创办理念（如股份集资等），充足的侨汇（1948年达700多亿元）、先进的建设技术（钢筋混凝土使用、街道电灯系统设置等），在公路、公园、医院等现代设施建设、工商业发展、新学兴办等方面支持、响应模范县建设（张华，2012）。

相比之下，保定近代城市变革呈现出一种"打补丁"式的非系统性。保定近代城市变革的两个"黄金时代"与南通、中山近代城市变革的连续集中期基本同期。在这一段时间内，保定城市建成区面积从明清时期的4km²左右上升至20世纪30年代的7km²左右，城市人口从1874年的6.6万人上升至1936年约8.0万人，增幅分别为75%与21%，均低于南通，并且保定这座清代的省城在1936年的城市人口也低于同期的中山这座清代三等县。除了保定所在区域的政治动荡外，变革实践的非系统性是造成这一情况的主要原因之一。由于国家投入的阶段差异性本质（不同时期国家的目标不同，相应的国家力量投入方面也会有较大差异，而这种差异在我国近代动荡的政治环境中体现得尤为明显，国家投入的承接关系较弱），保定近代城市变革除了新学兴办中的现代农业研发对面粉工业、农具制造业等产生一定的技术支持外，清末权臣袁世凯主持的新学兴办、警政实践以及准国家力量——以曹锟为首的直系军阀支持的依托南关水陆转运枢纽发展起来的农产加工业等启动于不同时期的不同领域的变革之间并没有太紧密的协同（图8-2）。

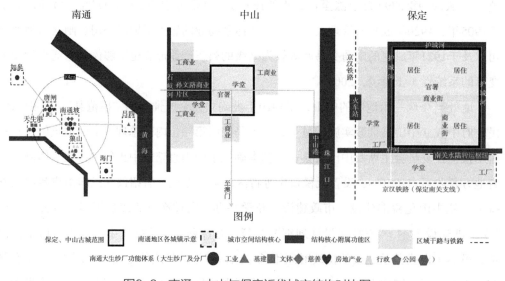

图8-2 南通、中山与保定近代城市结构对比图

8.4 国家推动中国近代城市变革的"尺度对接"概况与模式

近代中国向地方城市投入的国家推动力,在动荡的国家大势与羸弱的国家实力下,持续时间有限,并存在阶段差异性,进而使得保定这类近代缺少坚实、活跃的地方发展力量的城市,在面对国家投入时,易于表现出波动性与非系统性特征。国家推动的中国近代地方城市变革是否能够持久、深入,除了取决于在中国近代动荡的国家大势中是否能够保持一定程度的稳定外,是否能够实现有效的"尺度对接"(即国家投入与地方发展基础的有效对接)也是其中的决定性因素之一。经过本研究的对比分析,发现了三种相对有效的对接模式(表8-2)。

两组城市与保定近代城市"尺度对接"概况与模式对比　　　　表 8-2

类别	名称	主要国家投入	主要本地优势	"尺度对接"概况与模式	
域内对比对象	天津	北洋机器局洋务项目,成立"河北新区"	运河商贸发展基础,租界带来的西方要素	当现代国家基建与制度投入到天津时,租界推动形成的已具有相当规模的近代思想积淀与基础设施等能够有效支撑国家投入扎根地方	列强威胁吸引来国家投入的强势竞争与融合
	石家庄	京汉、正太、石德等国家铁路干支线,省办纺纱厂	较为宽松的政府管控,腹地丰富的棉花产出,井陉地区的丰富煤矿	在相对于直隶省其他城市更为宽松的政府控制下,京汉铁路以及正太、石德铁路形成的国家铁路枢纽,聚合地方棉产丰富、毗邻地区煤炭资源丰富等发展优势,围绕铁路枢纽持续推动石家庄农村城市化	国家投入与地方发展优势的针对性对接
	唐山	开平矿务局,唐胥铁路	丰富的矿产资源	在相对于直隶省其他城市更为宽松的政府控制下,以国家投建开平矿务局、唐胥铁路为引领,激活矿产资源丰富的地方发展优势,围绕矿业持续推动唐山城市化	
域外对比对象	南通	国家进口纺纱机转投	稳定的政治军事环境,腹地丰富的棉花产出	在同时作为中央政府重要官员与本土地方精英的张謇的详细筹划以及其他本土地方精英的长期支持下,构建大生纱厂区域系统化发展体系	活跃地方力量,有序组织国家投入与地方优势系统整合
	中山	成立中央直辖"模范县"	海上丝绸之路商贸基础,近代日益深厚的侨乡文化	在国家授予的税收优惠与无税港等中央直辖"模范县"政策的推动下,在作为中央政府重要官员与本土侨民的唐绍仪的领导以及其他本土侨民的积极响应下,推动中山持续发展	
研究对象	保定	京汉铁路,警政、文教等官治制度改革全国示范	深厚的畿辅文教积淀,腹地丰富的棉、麦产出	铁路、官治、自治三个领域的国家投入没有能够深刻融入保定近代城市社会之中,且引起了保定近代城市发展势头的波动性与城市变革领域之间的非系统性	国家投入没有能够深刻融入地方社会

直隶/河北省的列强威胁吸引来国家投入的强势竞争与融合。 天津以其濒临海湾的区位与古代商贸发展基础，加上租界带来的西方技术、思想的进一步带动，形成了具有相当规模的地方现代化发展基础，吸引或者迫使国家在天津大量投入现代国家基建与制度予以竞争。其后，租界推动形成的已具有相当规模的现代工商业组织思维等近代思想积淀与码头等近代基础设施等都能够有效支撑国家投入扎根地方。

直隶/河北省的石家庄、唐山在近代的持续发展来自于国家投入与地方发展优势的针对性对接。 石家庄起始于一座小乡村，在相对于直隶省其他城市更为宽松的政府控制下，国家铁路干线——京汉铁路及其支路——正太、石德铁路形成了国家铁路枢纽，省办纺纱厂，直指盛产棉、易聚碳等地方发展基础优势，激活地方发展动力，推动了强劲、持续的近代城市发展。唐山由于矿产资源丰富的地方发展优势，得到清廷的针对性投入，发展开平矿业以支持天津北洋军事工业的发展，围绕开平矿业的发展，国家权臣、地方政府等还进一步规划建设了丰富的配套设施与产业，进入民国时期，在规划建设中政府逐步退出，由列强资本与民族实业家控制的大企业接手，推动唐山近代城市工商业进一步发展，这些发展在1938年唐山建市后持续稳步推进。

南方的南通、中山，在担任中央政府官员的本土地方精英或侨民等的上下衔接下，有序地组织起了国家投入与地方基础的整合。 相对远离国家军政中心而具有较为稳定、封闭的发展环境的南通，其近代城市变革在同时作为中央政府重要官员与本土地方精英的张謇的详细筹划下，形成了以大生纱厂为核心的地方区域系统化发展体系，推动变革取得了不错的成效；因毗邻最早打开国门的地区而形成了更加活跃的地方力量（众多侨民）的中山，在民国南京中央政府实行的"模范县"直辖特区政策的全面推动下，在同时作为中央政府重要官员与本土侨民的唐绍仪的领导下，在其他本土侨民的大力支持与积极响应下，朝着现代化的城市建设大步迈进。

相比之下，京汉铁路、地方官治制度国家示范、地方自治辅助等国家投入没有能够深刻融入保定近代城市社会之中：直隶/河北省"农业商品化"推动保定近代城市职能的转型终结于把头、官僚、军阀等的产业垄断；文教改革的成果鲜明地表现出高度输出性；活跃的商会与直系军阀成就保定近代城市工业高潮的同时，陷落于"政商—社会"脱节的困境之中。相比于国内其他体现出较为鲜明的国家推动特征的近代城市变革，保定近代城市变革表现出了城市发展势头的波动性（先后由国家权臣——袁世凯、曹锟主导而断续发展，形成两个"黄金时代"，但两个"黄金时代"的国家动力均因战乱与政变而在约10年后遭到中断）与城市变革领域之间的非系统性（除了新学兴办中对现代农业研发的推进对面粉工业、农具制造业等产生一定的技术支持外，清末权臣袁世凯主持的新学兴办与警政实践以及准国家力量——以曹锟为首的直系军阀支持的依托南关水陆转运枢纽发展起来的农产加工业等启动于不同时期的变革之间并没有太紧密的协同）特征，从而难以支持保定近代城市持续、深度的变革。

第 9 章

结论与展望

9.1 研究结论与启示

9.1.1 从基建投入到制度改革的国家推动保定近代城市变革特征

西方的强势介入开启了中国的近代化进程，影响了一批地方城市的近代变革，但近代国家政府并不甘心于西方力量对中国地方城市变革的推动，而开始自主向地方城市变革投入不同领域的国家推动力，由于历史进程的阶段局限性，表现出鲜明的从物质基础到上层建筑的历时性特征，即从基建投入到制度改革的演变。在这样的背景下，国家推动的保定近代城市变革经历了京汉铁路项目上马，地方官治改革国家示范，地方自治辅助的历时性叠加，推动了城市职能转型、城市治理重构以及社会自治组织探索。

从洋务运动时期起，晚清政府认识到与列强在工业化水平上的差距，进而希望围绕沿江、沿海城市，通过投入各类现代国家基建来推动国防工业化与国家财政的转型，随着铁路、轮运、电报等国家基建网络的成型，普遍意义上的中国传统城市主导属性开始从行政属性向经济属性转型。保定依托京汉铁路以及其他直隶/河北省国家铁路干、支线，在直隶/河北省近代"农业商品化"增强的进程中，成为其棉花产量最高的西河棉区以及小麦生产范围最广的西河麦区的北部中心，进而迎来了建立纺纱厂以及依托京汉铁路保定南关支线对接府河码头形成的水陆转运枢纽发展津保航运贸易这两大近代实业发展机遇。但保定由于在与得到更快、更大发展的天津、石家庄争夺直隶省会与省办纺纱厂选址等竞争中的失败，而选择了两大机遇中的后者，保定近代城市主导职能从直隶省会逐渐转变为冀中农产商贸中心。

甲午战败以后，外资入侵进一步加深，在自然生态灾害频发的背景下，社会愈发不稳定，国家认识到了更加深层次的地方制度改革的重要性，开始有限地借助西法推动地方官治与自治制度的改革。保定作为畿辅行省——直隶省的省会，在生态与战乱的双重打击下，成为地方官治制度改革国家示范，袁世凯在保定首创警局就是这一改革示范的第一枪，建立起了一个国家正式的科层化地方政府职能部门——保定工巡局，以替代业已腐朽的传统地方治理制度为目标，以户口清查为先导，涉及公共卫生维护、社会秩序管理与城市建设管制等广泛的地方管理事务。虽然警政的创办导致保定城内大量士绅群体失去了社会治理核心地位，科举的取缔堵塞了这些士绅原有的上升通道，但在1902年于保定设立的我国最早的省级新学行政机构——直隶学校司的主导下，保定近代城市新学兴办及其推广对士绅群体给予了特别的关照以及充分的倚重，积极吸纳士绅参与地方官治改革，重塑了士绅的社会角色。到1900年代中后期，在保定清末官治制度改革实践进行了一段时间后，同样面临政府财政实力与治理能力捉襟见肘的困境，在国家的推动下，先后发起了保定城议—董事会、清苑县第一区公所、保定商会三个地方自治组织的创办以辅助警政、文教等地方官治制度的改革实践。

9.1.2 国家推动中国近代地方城市变革的"尺度对接"重要性

京汉铁路、地方官治制度国家示范、地方自治辅助等国家投入没有能够深刻融入保定近代城市社会之中：直隶/河北省"农业商品化"推动保定近代城市职能的转型终结于把头、官僚、军阀等的产业垄断；文教改革的成果鲜明地表现出高度的输出性；活跃的近代商会与直系军阀成就保定近代城市工业发展高潮的同时，陷落于"政商—社会"脱节的困境之中。相比于国内其他体现出较为鲜明的国家推动特征的近代城市变革（直隶/河北省内，近代天津的列强威胁吸引来国家投入的强势竞争与融合，近代石家庄、唐山迎来了国家投入与地方发展优势的针对性对接，助力城市更加持续、强劲的发展；直隶/河北省外，近代南通、中山在担任中央政府官员的本土地方精英或侨民等的上下衔接下，更加有序地组织起国家投入与地方基础的整合，推动近代城市发展迎来高潮），保定近代城市变革表现出了城市发展势头的波动性（先后由国家权臣袁世凯、曹锟主导而断续发展，形成了两个"黄金时代"，但两个"黄金时代"的国家动力均因战乱与政变而在约10年后遭到中断）与城市变革领域之间的非系统性（除了新学兴办中对现代农业研发的推进对面粉工业、农具制造业等产生一定的技术支持外，清末权臣袁世凯主持的新学兴办与警政实践以及准国家力量——以曹锟为首的直系军阀支持的依托南关水陆转运枢纽发展起来的农产加工业等启动于不同时期的变革之间并没有太紧密的协同）特征。

中国近代向地方城市投入的国家推动力，在动荡的国家大势与羸弱的国家实力下，持续时间有限，并存在阶段差异性，进而使得保定这类缺少坚实、活跃的地方发展力量的城市，在面对国家投入时，易于表现出波动性与非系统特征。国家推动的近代地方城市变革是否能够持久、深入，除了取决于在中国近代动荡的国家大势中是否能够保持一定程度的稳定外，是否能够实现有效的"尺度对接"（即国家投入与地方发展基础的有效对接）也是其中的决定性因素之一。

9.1.3 国家治理现代化溯源以及首都地区城市发展的国、地结合重要性

美国著名中国近代史学家孔飞力（Philip Alden Kuhn，2003）分析中国近代国家推进的地方政治改革时指出，近代是"中国现代国家的起源"，可谓之当今"国家治理现代化"的起源——国家治理近代化。由本研究可见，毗邻首都的保定，得以接受强劲的

国家推动力，成为近代中国"有限"借鉴国外经验，自主探索国家治理近代化的重要示范地之一。国家推动除了为保定带来了首条国家铁路干线项目外，更为保定带来了警政、文教等众多地方制度改革全国示范。在当今国家治理现代化的时代使命中，首都地区的城市也必将迎来承担国家推动的众多地方改革示范的机遇。然而，值得注意的是，由于国家推动在涉及领域类型、投入规模、持续时长等方面的有限性，使得保定这类常能够得到强有力的国家基建、制度等投入的首都地区城市，在缺少坚实、活跃的地方发展力量的情况下，易于表现出波动性与非系统特征。因此，以史为鉴，地方积极寻求国家投入与地方发展基础的紧密结合对首都地区的城市发展尤为重要：一种情况是从地方原有的生活生产机制中寻找与国家、外来投入有效互动的接口，以此为抓手建构本土化的可持续发展路径；另一种情况是无法从地方原有的生活生产机制中寻找到与国家、外来投入有效互动的接口，需要重新配置地方原有的生活生产资源条件，系统化重构生活生产机制以实现与国家、外来投入的有效互动。

9.2 主要创新点

9.2.1 从国家推动的视角，认识中国近代地方城市变革

中国近代地方城市史研究的现有主要理论，如"冲击—回应"理论、"公共领域"理论等，大都重点关注中国近代城市变革动力的"舶来性""内生性"以及它们之间的关系，而对来源于国家推动的中国近代城市变革的针对性、系统性研究相对有限。即便是保定近代城市变革这一典型案例的现有研究成果，仍大都过度强调保定近代城市的相对衰落的特征，而对国家推动的主要特征与动力机制的客观规律分析亦不尽系统。因此，需要借助新的理论框架来进行解析，以填补中国近代地方城市史理论在这一视角下的研究不足。本研究参考重视多领域、动态演进的国家与社会互动分析框架，结合对中国近代变革的整体观察，明晰近代国家向地方投入的三个主要方面——现代国家基建、地方官治制度改革、地方自治制度改革，确立三个历时性分析领域，即"国家基建现代化"领域（洋务运动时期起）、"地方官治制度扩张"领域（清末新政时期起）、"地方自治制度劝办"领域（清末立宪运动时期起），以分析国家推动的中国近代地方城市变革。

9.2.2 探索多区域层次的中国近代地方单体城市史综合研究方法

依循吴良镛先生强调的中国城市史研究的"区域性"与"综合性"，本研究根据不同领域分析的需要，尝试突破就城市论城市的中国近代地方单体城市史研究方法以及单

一区域层次下的近代地方单体城市史研究,探索将"区域—城市""城市—腹地""城市—乡村"多个区域层次融入中国近代地方单体城市史综合研究:在"区域—城市"层次,观察首条国家铁路干线——京汉铁路、地方官治改革国家示范以及地方自治辅助推动保定近代城市变革的经济、社会、治理背景,并选择相关城市,进行对比分析;在"城市—腹地"层次,重点评价、分析保定与其腹地共同组成的保定地区的近代城镇经济中心等级体系,从而更加明晰近代保定的冀中农产商贸中心职能确立的商贸基质环境;在"城市—乡村"层次,重点分析随着"学生城"功能体系形成伴随的城乡教育水平失衡现象以及地方官治制度改革引起的保定近代城乡治理单元分异。

9.3 本研究的不足

9.3.1 基于保定这一个案例的实证研究与理论框架验证存在局限性

在地大物博的中国,国家推动的近代地方城市变革显然不止保定这一座典型城市,不同地域的近代城市变革在不同时期会产生不同的实际情况,在本研究的对比分析中就指出了天津、石家庄、南通、中山等城市近代变革的国家推动属性以及与保定的不同,因此需要继续对此类近代城市变革进行挖掘并开展针对性、系统性研究,从而对本研究中单一例证的认知局限性予以持续补充。同时,持续增加的实证将有利于继续完善本研究建构的国家推动的中国近代地方城市变革研究理论框架。在国家推动的中国近代地方城市变革中,除了国家基建、官治制度、自治制度外,是否还有其他国家在中微观层次的重要表征要素,而面对这些国家表征要素,社会除了变通与抵抗,是否还会出现第三种反馈层次等问题,都需要在进一步的实证研究中持续探讨。

9.3.2 多区域层次的中国近代地方单体城市史研究还有很大的探索空间

本研究尝试突破就城市论城市的近代地方单体城市史研究方法,探索了将"区域—城市""城市—腹地""城市—乡村"三个区域层次融入中国近代地方单体城市史综合研究。但由于单一例证的独特性、资料的有限性等原因,本研究在各个区域层次的分析探讨仍然存在局限性,如在保定城及其腹地的保定地区层次仅探讨了地区城镇商贸体系的变迁问题,是否还存在地区文化结构的解构或重聚等问题,又如在保定城及其四乡的层次主要探讨了城乡治理与文教投入供给的分异问题,是否还存在其他城乡关系的变迁等问题,都还需要在进一步的多区域层次下的中国近代地方城市史研究中持续探讨。

附 录

附录A 保定近代历史地图一览

本书参考保定近代历史地图一览　　　　表 A-1

序号	图名	年份	资料来源
1	保定府城图	1880	（光绪）《保定府志》
2	直隶省城街道全图	1880	日本京都大学网站（http://kanji.zinbun.kyoto-u.ac.jp/db-machine/imgsrv/maps/）
3	四国联军入侵保定时的法军地图	1900	民间收藏
4	保定府城图	1905	西安建筑科技大学王树声教授团队提供
5	保定工巡局测绘的保定城街巷详图	1909	日本京都大学网站（http://kanji.zinbun.kyoto-u.ac.jp/db-machine/imgsrv/maps/）
6	清苑县地图	1928	台湾某图书馆
7	保定第一区全图	1934	《清苑县志（民国）》
8	东京日日新闻社"航拍保定城空袭"	1937	民间购回
9	河北公署规划平面（1939—1945）	1937	保定市城市建设档案馆
10	保定市街要图	1938	民间收藏
11	保定城郭图	1940	侵华日军1940年编制资料
12	保定市都市计划要图	1941	保定市城市建设档案馆
13	日本侵华期间航拍保定城	1940s	日籍摄影师志波杨村拍摄
14	保定航拍图	1945	从英国购回
15	清苑县（保定）城镇地图	1945	《华北城镇地图集》
16	保定市区街巷图	1948	民间收藏
17	保定市区图	1948	保定市档案馆

附录B 晚清部分莲池书院学子从业履历

部分晚清莲池书院学子从业履历　　　　表 B-1

姓名	教育经历	为保定、直隶省乃至全国近代化作出的贡献
贾恩绂	1890年入莲池书院，受教于吴汝纶	参与"公车上书"，后在各地新学堂讲学，推广维新思想，包括在保定"崇实学堂"讲学
谷钟秀	先入莲池书院读书，后入京师大学堂。1901年赴日留学	在日加入同盟会，回国后赴保定任直隶高等师范教员，直隶巡抚署秘书。担任筹建中华民国临时政府直隶省代表、宪法起草委员会主任
刘若曾	曾于莲池书院就读	随五大臣赴泰西考察政治，后任清宣统朝署法制院院使、宪政编查馆提调，后任直隶省民政长官
吴闿生	吴汝纶之子，吴汝纶讲学于莲池书院时期的门下弟子，后留学日本	清末任度支部财政处总办，民国北京政府时期任教育部次长、国务院参议，任北京大学预科教务长
马其昶	吴汝纶讲学于莲池书院时期的门下弟子	1912年聘为安徽高等学校校长
韩德铭	肄业于莲池书院	晚清参与倡办直隶省咨议局筹备处，在保定建立自治宣讲所，后任民国山东省府顾问
梁建章	1892年中秀才，后入保定莲池书院，1901年中举，后考入保定陆军学校，受训后赴日留学	1907年，毕业归国，任直隶省警务局、浙江巡抚衙门警务局参事。中华民国成立后，任北京政府陆军部秘书、直隶省实业司司长，任内首创天津内河行轮。1916年任国务总理兼陆军总长、陆军部顾问、国务院顾问等职务
尚秉和	游学于保定莲池书院	入清廷巡警部，任主事、员外郎
王树楠	1871年拔贡，于保定莲池书院授业	1906年，代理新疆布政史，创立新章，改革币制，创办邮政，建立新疆石油工业，创设农业实验站，提倡种植蚕桑
李刚己	曾于莲池书院就学	民国3年（1914年），受聘于保定高等师范国文部
齐福丕	曾于莲池书院就学	参加过"公车上书"，并为保国会会员之一；1901年主讲于邯郸书院，创新法教授；1903年改建南宫东阳书院为学堂，为南宫新教育奠定基础
刘登瀛	1888年乡试第一，于保定莲池书院授业	作为直隶省学校司新式学堂体系建设赴日考察代表，回国后曾先后担任直隶省省视学、保定高等学堂教员、河北大学教授、山西大学教授
胡景桂	曾于莲池书院就学	拥护变法维新，晚清受任赴日学务考察团
傅增湘	曾于莲池书院就学	晚清受任赴日学务考察团，后任北洋政府教育总长、故宫博物院图书馆馆长
刘春霖	入莲池书院读书十余年，后赴日本留学	先后任直隶省资政院议员、直隶高等学堂校长、中央农事实验场学监、民国北京政府总统府内史、福建省提学使等
邓毓怡	曾于莲池书院就学	后被天津北洋女子师范学堂聘为教授，又出任北洋法政学堂斋务长。曾任大总统府咨议、国务院咨议、经济调查会委员、盐务署顾问、盐务学校校长等职

续表

姓名	教育经历	为保定、直隶省乃至全国近代化作出的贡献
冯国璋	1881年到保定莲池书院进修两年，后进入天津武备学堂	北洋三杰之一、直系军阀的首领、北洋政府副总统
邢赞亭	晚清秀才，曾于莲池书院就读，后赴日留学	先后任于保定创办的直隶优级师范学校校长、中央司法部参事督办、天津特别市市政府秘书长
高步瀛	1894年中举后于莲池书院就学，后赴日留学	回国后历任学部侍郎、直隶学务处查学人员，辛亥革命后出任教育部社会教育司司长，后任国立北京师范大学教授
籍忠寅	曾于莲池书院就学，后赴日留学	讨袁发起人之一，历任京师海关监督、国会议员、会长
刘吟皋	曾于莲池书院就学，1903年中举后就读于直隶保定农务学堂，后赴日留学	担任直隶农业试验工厂（保定）厂长，留学归国后任教于直隶保定第二女子师范学校和育德中学，担任直隶省议会议员，任农业畜牧园艺主任，并赴美参加巴拿马太平洋万国博览会
刘培极	曾于莲池书院就学	于保定创办私立诚慎中学
叶崇质	曾于莲池书院就学	曾任直隶巡警道，后赴天津创办华新纱厂与银行以及河北省最具影响力的近代民族企业——启新洋灰公司等
姚永概	曾于莲池书院就学	任北京大学文科教务长
姚永朴	曾于莲池书院就学	先后任教于北京大学、东南大学、安徽大学
杜之堂	曾于莲池书院就学	任天津第一女师学校国文、历史、习字教员

资料来源：李占萍 等，2015

附录C　保定地区近代城镇经济中心等级体系评价及主要地名演变

　　本研究借鉴中国区域近代城镇经济中心等级体系评价与分析的经典理论——"施坚雅模式"来分析保定地区近代城镇经济中心等级体系变革。多年来，这一经典理论也受到了许多批评，如因过于强调其借鉴的"中心地理论"的六边形数学模型形态而与中国近代实际不符，中国九大区域的边界划分条件考虑不够，所使用的数据存在不准确的情况等。但"施坚雅模式"对中国近代城市体系的评价与分析，仍然非常值得本研究借鉴，为本研究分析保定地区近代城镇经济中心等级体系的近代变革提供了丰富的指标类型线索，这在数据稀缺特征十分明显的历史研究中十分珍贵。"施坚雅模式"在评价中国区域近代城镇经济中心等级体系时，主要针对近代初期，从两个方面与两个层次进行评价与分析。两个方面是指虽然该理论主要分析区域近代城镇经济中心等级体系的经济等级方面，但考虑到中国城市传统中政府属性的重要性，在评价过程中也相当重视政府等级方面。经济等级方面主要选用了清末在各城、镇成立的大清邮政局所的等级指标，是否有区域铁路与航运设施指标，官方与自发共同确定的市镇集期长短数据等，而政府等级方面则主要利用了各府、州、县的建制等级以及《大清缙绅全书》（1891）中所记载的各府、州、县官的重要性等级。两个层次是指该理论除了评价具有政府职能的城市的等级之外，还十分重视位于城乡之间的市镇的等级评价。城市等级评价涉及经济与政府两方面，而非政府治所驻地的市镇的等级评价仅涉及经济方面。

　　本研究与"施坚雅模式"的研究目标存在不同，因此需要进行改进来支撑本研究的工作：本研究旨在对比保定地区洋务运动时期（京汉铁路开始运营以前）与民国近代城镇经济中心等级体系之间的不同，已呈现保定地区近代城镇经济中心等级体系变革的特征，并考虑到可比性的保证，需要两个时期的两组类型尽可能一致的评价指标，而这与"施坚雅模式"旨在呈现近代初期的近代城镇经济中心等级体系不同。因此，需要为"施坚雅模式"中的一个时间点的某一类型指标，选择另一个时间点对应的同类型指标，如为表征近代的邮政等级指标对应选择表征传统的有无驿站指标，为表征传统的府、州、县官重要性指标对应选择国民政府划分的各县等级指标等。

保定地区洋务运动时期与民国时期城镇区域中心等级评价方法　　表 C-1

时代	城市等级评价	重要市镇评价
洋务运动时期	第一步：确定首位城市直隶省城（即保定府城）为"大都会"； 第二步：既位于京南大道上又设有驿站的城市定为"较大城市"，其他定为"地方城市"； 第三步：兼顾行政等级指标作为辅助指标，对城市等级进行微调。	将集期长度超过保定地区普遍集期长度（2天）的市集确定为"重要市镇"。
民国	第一步：确定首位城市清苑县城为"地区城市"； 第二步：依据"邮政局所级别"（一等、二等、三等以下），将其他城市初步分为"地区城市""较大城市""地方城市"； 第三步：兼顾其他指标作为辅助指标以及其他文献史料，对城市等级进行微调。	依据民国调查中的"重要市镇"标注。

保定地区洋务运动时期城镇区域中心等级评价数据汇总表　　表 C-2

名称	政府级别			信息中心级别	交通中心级别	周边重要市镇②
	行政级别	首官重要性	政务难度①	是否设有驿站（名称）	是/否位于京南大道	
直隶省城	省治	最要缺	冲、繁、疲、难	是（金台驿）	是	黄沱村
满城县城	县治	简缺	冲	是（陉阳驿）	否	奇村集、西庄集
安肃县城	县治	简缺	冲	是（白沟驿）	是	白塔铺
容城县城	县治	简缺	冲	—	否	白沟河
雄县城	县治	要缺	冲、繁、难	是（归义驿）	是	—
安州城	散州治	简缺	疲	—	否	—
高阳县城	县治	简缺	—	—	否	—
蠡县城	县治	中缺	繁、难	—	否	—
博野县城	县治	简缺	疲	—	否	—
祁州城	散州治	简缺	—	—	否	—
望都县城	县治	中缺	冲、难	是（翟城驿）	否	—
定州城	直隶州治	最要缺	冲、繁、疲、难	是（永定驿）	是	—
唐县城	县治	简缺	—	—	否	—

① 政务难度中："冲"指作为交通区位枢纽、关隘等要地；"繁"指地方政府需要处理的政务繁多；"疲"指财税疲敝；"难"指地方稳定性差。
② 将集期长度超过保定地区普遍集期长度（2天）的市集确定为"重要市镇"。

续表

名称	政府级别			信息中心级别	交通中心级别	周边重要市镇
	行政级别	首官重要性	政务难度	是否设有驿站（名称）	是/否位于京南大道	
完县城	县治	简缺	—	—	否	南下邑村集、坛山村集、神南村集、朝阳村集、白云村集、吴村集、郭村集
易州城	直隶州治	要缺	繁、难	是（清苑驿、上陈驿）	否	—
涞水县城	县治（受辖于易州）	中缺	冲、繁	是（塔崖驿）	否	—
新城县城	县治	中缺	冲、繁	是（汾水驿）	是	
定兴县城	县治	中缺	冲、繁	是（宣化驿）	是	留村店、北河店
资料来源	《大清缙绅全书（二册）》			各府县于1899年以前编著的志书①	《直隶山东两省地舆全图》，1870年左右绘制	同"是否设有驿站"的资料来源

① 由于此评价的主要目的是为了显示1899年京汉铁路开始运营对保定地区近代城镇体系的影响，所以此处所指"各府县1899年以前编著的志书"，优先选择最靠近1899年的清代志书，即光绪年间的志书，若没有，再依照时间顺序向前寻找其他版本的志书予以替代。

保定地区民国城镇区域经济中心等级评价数据汇总表　　表 C-3

名称	政府级别	信息中心级别				交通中心级别		周边重要市镇②
		邮政局所级别①	是/否有电报局	是/否有电话局所	是/否可通长途	津保航道码头月吞吐量（吨）	平汉铁路火车站站台数	
清苑县城	一等县	一等局	是	是	是	3000	4	张登镇、阳城镇、大莊镇、大汲店镇
满城县城	三等县	三等局	否	否	—	—	2	石井江城、方顺桥、大册营
徐水县城	三等县	二等局	否	是	是	—	2	大王店、遂城镇、杨村镇、崔家庄镇、大因镇
容城县城	三等县	三等局	否	是	是	—	—	白沟、张市、小里
雄县城	三等县	二等局	否	否	—	2500	—	—
安新县城	三等县	二等局	否	否	—	—	—	新安镇、板桥镇、同口镇

续表

名称	政府级别	信息中心级别			交通中心级别		周边重要市镇
		邮政局所级别	是/否有电报局	是/否有电话局所	是/否可通长途	津保航道码头月吞吐量（吨）	平汉铁路火车站站台数	
高阳县城	三等县	二等局	是	是	是	—	—	旧城村、惠伯口、孟仲峰、边渡口
蠡县城	二等县	三等局	否	否	—	—	—	莘桥镇、李岗镇、小陈镇、大百尺镇
博野县城	三等县	代办所	否	是	是	—	—	小店村、北杨村、窝头村
安国县城	二等县	二等局	否	否	—	—	—	—
望都县城	三等县	三等局	是	是	是	—	2	
定县城	一等县	二等局	是	是	是	—	2	清风店镇、东亭镇
唐县城	三等县	二等局	否	是	否	—	—	—
完县城	三等县	三等局	否	否	否	—	—	有吴村、北堡镇、郭村镇、神南镇、下叔乡、大悲、朝阳
易县城	二等县	二等局	否	是	是	—	—	塘湖镇、白堡镇、西山北镇、凌云册镇、大良岗镇
涞水县城	三等县	三等局	否	是	是	—	—	永阳镇
定兴县城	二等县	二等局	是	是	是	—	4	固城镇、杨村镇、姚村镇、高里镇、北河店
新城县城	二等县	三等局	否	是	是	—	2	高碑店、方官镇
资料来源	《河北各县县长俸给等级表》	《河北省清苑县地方实际情况调查报告》、各县民国版县志、《保定邮电志》《各省邮务区各道县乡镇通邮处所一览表（直隶保定道属第三表）》等			《河北省志（第39卷）·交通志》	《平汉年鉴》	《河北省各县概况一览》

① 民国时期，城乡商贸已不再局限于传统定期市集，形成了许多专业市镇，在地区商贸中发挥了非常重要的作用，1934年河北省各县概况调查史料《河北省各县概况一览》对各县的这些"重要市镇"进行了标注，此表将这些"重要市镇"在保定地区（以保定为中心55km范围）以外的市镇进行了剔除。

② 民国3年颁布《邮局等级划分标准》，划分每一行省为一邮区，并设立管理局一处，管理局下辖各个邮局根据每月收入金额5000元/月、600元/月、200元/月与每月开、发汇票金额2万元/月、0.6万元/月、0.1万元/月，分为一等局、二等局以及三等局，另为保证覆盖范围，在部分地区设地属于邮局的邮政代办所。

附录D 保定清末城市警政规章

保定清末城市警政国家示范的首份规章——1902年《保定警务局暂行规条》 表D-1

结构	主要条目梳理与解译
招募	【巡兵招募程序】规定巡官、弁、长、目、兵等的招募由地方绅商组成的委员会会同各级、各类地方官，责成村长保举。巡兵入职后有3个月的"试用期"，"试用期"后如若能够胜任，就报送原籍所在地的地方官注册备案，正式入职，而有包庇案犯等情况的，一经查实必须严惩。巡兵正式入职后，至少履职3年，不到3年，无特殊情况不得辞职。巡兵履职优良而提拔为官、长等的，由警局总办发文至原籍所在地地方官注册、备案。 【巡兵招募条件】巡兵首先必须为常住本土，有家属且性情朴实、能吃苦耐劳的人员。在此基础之上，巡兵还应具备以下条件：年龄须在20~35岁之间；身材不得少于4尺8寸（以工部营造尺寸单位计量）；能够识得一些文字者为宜；能够清晰填写三代人住址与指纹信息为宜；五官端正、谈吐清晰者为宜；身强体壮，没有残废以及慢性病为宜。禁止以下人员求职巡兵：曾有犯罪、刑罚等案底的人；吸食鸦片等毒品，或好酗酒妄为的人；负有沉重债务的人；性情过于暴躁的人；当兵被革职清退的人。 【巡兵权益维护】正式入职的巡兵，每名均可免除30亩的差徭作为福利。地方官员、士绅等须爱护巡兵的家属，防止土豪、流氓、地痞等欺侮选充巡兵以后，其家属人等地方应安为爱护勿任土豪痞棍任意欺凌。如果家属有涉及诉讼、案件等，可得到一定的优待
警局架构	【基本架构】保定警务局总体建构起总局→五分局→各分局下设多处巡所的基本架构：警务总局设置总办1名，由国家正式颁发关防，除履行警政事务外，还承担监督学堂创办的事项，总办以外设置提调兼发审委员1名，文件撰写专员（分正、副）、医疗专官（分正、副）、掌管文书专员（分正、副）各2名，卫生管理委员、城市清洁委员、经费管理委员、绩效考核委员各1名，其他总局杂役8名。总局之下在保定城内与城关划五警区，城内四区，东、西、南、北四关统设一区，各区各设分局一所，每所分局首先设巡官1名，负责传达总局命令，上报各区记录等，并设置巡弁、巡记各1名，巡长4名（管理巡目、巡兵换班等），巡目16名（正、副各一半），巡兵64名，其他分局杂役、伙夫等12名。分局下，根据各区街巷情况，设若干巡所，每处巡所建设2~3间执勤房舍三间或两间，没有建设条件的，建一小木房供巡目、巡兵站岗用。 【警察薪酬】按照以上警局架构匹配相应的薪酬体系：总办薪酬100两/月，另补贴公务经费150两；提调兼发审委员薪酬40两/月，正、副文案委员薪酬分别为36两/月与20两/月，卫生委员薪酬、除秽委员薪酬、收支委员薪酬、考功委员薪酬均为24两/月；各分局巡官薪酬36两/月，巡弁薪酬24两/月，巡记薪酬12两/月，巡长薪酬每人每月12两5钱，正、副巡目薪酬分别为每人每月5两4钱与4两8钱，巡兵薪酬每人每月4两2钱，各分局另补贴油烛、伙食公务费用24两/月；总局与五分局杂役薪酬3两6钱/月，伙夫薪酬3两/月。 【重要市政建设与维护】警局负责路灯与公共厕所建设：保定城中主干街道每10丈建路灯一盏，较小街巷每20丈建路灯一盏，以便利行人并暴露奸宄；于各街巷僻静的地方，整齐修筑公共厕所，除秽车夫每日早晚对各处公共厕所清洁两次。 【未来架构扩展】以上局制尚属雏形，还有许多未考虑到的内容，待日后随时商议并上报增改，如马巡、水巡、暗巡等特殊警队都不可或缺，马巡暂由缉捕马小队整改充任，水巡随后增练，后续陆续选拔委任，而暗巡则需要专门的特种训练、培养，尤为难得；又如消防队，参考外国办法，均有专门的梯队、装备、制度等，亦需要随后陆续选拔委任；以直隶省城保定城的警政为起点与表率，保定府所述各县、镇陆续筹办警局，再推广至外府、外县

续表

结构	主要条目梳理与解译
形象维护	【着装统一】所有巡官、弁、长、目、兵等均配置统一制式的着装，合操时必须按式着装。总办着装为天青色的长袖马褂，衣袖绣5道银绦，巡官4道，巡弁衣袖绣3道银绦，巡记衣袖绣2道银绦，巡长衣袖绣1道银绦，正巡目衣袖绣2道红绦，副巡目衣袖绣1道红绦。须配备警械，巡兵在街上站岗时应配备警刀，目前配备不及，暂时以警棍代替，长约3尺6寸，枪平时存放在局内，合操时取出装备。若购制药料、器皿、号衣、皮带、布鞋帽、包巾、油鞋、雨衣、皮棉夹单各衣及一切杂款，均可以随时上报，禀请支给报销，并造册备案。发给巡长、巡目、巡兵衣物限制每年号衣两套、布鞋两双、皮鞋1双，雨衣3年1套、油鞋1双、皮衣3年1件、每年换面1次。 【职守严正】警务人员无论官职大小必须举止端方作为严正。总办为各局表率，凡有应兴应革事宜均须斟酌尽善，期于必行，考各国警察条例，不能全搬全抄，审时度势，并因地制宜地借鉴各国办法，防止流弊或有名无实。各分局以总局下辖的巡官为主导，各巡弁、长、目、兵等以清理街面、保卫人民两大方面为主要专责，时刻关注、维护各区、各街巷的户口数量与属性以及桥梁、沟渠、衙署、庙宇、教堂等重要设施的情况，以情改造、修建。以上事务须实时详细禀报总局准许后执行，并对外公开，发布警务传单等，告知各区人民知晓，以鼓励社会各界参与、支持。巡弁管理本分局巡长、目、兵的操练、出警、巡逻、轮岗等。巡长、目本有约束下辖巡兵站岗、巡逻等的责任，巡兵有懈怠或不合规的地方，下班后上报巡弁以责罚，不得当街责罚，维护警察的公众形象。各分局书办对各案情用专门案簿以记录案情经过，并备注经手巡兵信息，在巡官审阅后上报总局
职责履行办法	【两大职责领域明确】参考各国警察纷繁复杂的职责，总体可归纳为司法、政府两大部分。司法用以缉捕、惩治业已犯罪的人员，政府用以预防人民陷入潜在的过失。 【户口查备】警政实践应以清查户口为优先，包括两种清查方式：一是定时清查，各分局创立后，即刻对所辖警区内的各地段户口详细清查、核实、编号、挂牌；二是随时清查，不定时定地，偶遇一地段，可核查一地段户口，以对定时清查进行随时印证。户口类型包括士绅、平民、四品及以上文武官员、五品及以下文武官员、食饷兵役者、无业游民、有案底者等。户口登记册包括以下内容：一家之主的姓名、籍贯、职业、年龄、田产、房产持有情况与现价、全家人口数量以及仆人、家丁等人数；家眷外出的地点、事务信息，仆人与家丁等的姓名、来历。户口查备需要尤其注意人员来历、感情情况、亲友性情、收入来源、支出去向、是否收容盗匪、突发贫窘或暴富等情况；城内小店、破庙、驿站、贫民区、幽曲小巷等偏僻易于藏匿奸宄之地，以及旅店、妓馆等易于窝隐良家妇女的特殊地区。 【日常巡逻纪律】巡兵于街道站岗时，应随时留意所站岗街段的一切人、物情况，没有属官的命令不得擅自离岗，如遇到大雨、大雪时，可在房檐下躲避；巡兵于街道巡逻时，应在所管区段往来不停地巡逻，不允许巡逻期间坐卧或购买食物、商品等；巡兵休息可在所属分局内寝食，但不得遗误职责，上班期间有事须请假往返。巡兵每日以三点钟为一轮班进行轮次换岗。 【重点巡查事项】警政应访查之事很多，无法全部预知预设，暂列需要尤为注意的事项于下：夜晚开车不开灯，形迹鬼祟的情况，或者有人光脚行走、疾步快走等，随身携带或者载于车、马之上的物件掉落路上而没有发现的情况；道路、桥梁以及沟渠等年久失修或者损坏严重等急需修补的情况，投弃杂物、垃圾于街道以及街道清洁维护不善的情况，商贸、货物、摊贩等阻塞道路的情况，车马过快行驶、运输重物等损坏路面、妨碍行人的情况，擅闯设有禁止通行标志的情况，幼儿幼女下河、攀壁、追逐等危险嬉戏的情况，于街市喧哗、打闹、偷窃等情况；夜里偷窥、藏于暗处、携带众多物品等出入异常地方的情况，夜里招揽行人嫖娼的情况，夜里烟火突然腾、缭，燃烧烟熏气味浓郁，易燃物放于屋外等情况，夜里敲锣、高唱等制造噪声的情况

续表

结构	主要条目梳理与解译
职责履行办法	【重点巡查办法】凡是遇到以下事故，先判断事故大小与轻重，相应随机采取阻止、劝解、上报局长、带案犯与被害人到现场等措施：无故杀人；有人死伤；罪犯逃脱；外国人与中国人相互冲突等。遇到病伤人士须切实救护，遇到迷路幼儿幼女须询问住处并送其回家（若地址不明，领至警局内待家人找寻），遇到死伤应立即验查，不可破坏现场，并飞报所属分局。遇到有人肆意喧哗、闹事的，先耐心劝导，不听从的带往所属分局劝诫、惩罚，如是单独一家人闹事的需查证后处理。遇到疯狗在街上，应先预防其伤害儿童，并飞报所属分局支援捕获。深夜与破晓之时，是案犯高发期，须尤加注意。有询问地址、方向等的，应如实相告。有省内外尊贵客人经过此地时，须派人仔细护送。拘捕案犯，犯事较轻的，根据情况采取口头训诫、取保候审等措施，较重的移送总局，拐卖、盗窃等的送至县衙。有商人、平民等拟受到侵害到警局控告，即刻传讯不得拖延。有捕获寻衅滋事军人、差役的，查明缘由后送回所述军营、衙署。死者尸体查验清楚后掩埋，保存死者遗物待亲人认领。 【每日备案】各个警务分局设置"禀事簿"，详细记录每日于何地办理何事，日夜轮班情况，每天下午五点前整理送至警务总局审阅，其中有需要总局批示的事项，在簿内批示后反馈至分局。总局立"传事簿"，录入需要办理的事项以及办理方法，以备随时下达各个分局抄录并加盖分局章印后立即交回，各个分局亦立"传事簿"以备分局之间互相传阅，以便配合行动
赏罚	【官、弁惩罚类型与情形】一是记过的情形：巡查不力，懒惰误事的情况记过1次，后根据勤勉表现可销过；所管警区内出现盗窃案1起记过1次，5天内能够破案则销过，每记过1次可折为现金处罚，即每月薪水的1/3，每连续记过3次的累积为大过1次；所管警区内发生劫案1起记大过1次，如10天内能够破案则销过；劫案中事主受伤的记大过2次，如10天内能够破案则销过；所管分局巡兵缺勤1名记大过1次；所管分局巡兵逃走、假病等限5天内上报并招募补充，如一时间难以挑中合适人选，自第六天起，按日上报巡兵缺少情况，如查出过时不报的情况以缺勤论处；因盗窃案件记大过的，限期内破案2起可销大过，记过1次，限期内破案1起可销大过，记过2次，全部破获的销除所有记过。二是撤差的情形：连续记大过3次的累积为撤差；遗误非常重要的事件，或者泄露警局机密的官弁处以撤差；窃案限期内一无所获的官弁处以撤差；有重大过失，被所辖警区内商民联名控告的官弁处以撤差；巡记在处理其专管的公文事件时，偶然发生疏漏、过失的记过，屡犯未改的撤差。三是详参的情形：被所辖警区内商民联名控告且查明情节十分严重的官弁处以详参；劫案限期内一无所获的官弁处以详参；未伤到事主的，撤销职务，免除详参，在限期内破案可免除详参。 【长、目、兵惩罚类型与情形】一是应责的情形：各街段的巡防清洁维护不善的罚该管长、目、兵月薪的1/10；值班时未按规定完整着装的巡兵罚月薪的1/5；值班时未持警械的长、目、兵，罚月薪的3/10；利用公物肆意打人的根据情节轻重分别责罚。二是应革的情形：泄露警局机密的长、目、兵处以革职；敲诈钱财物件，借公权谋私的长、目、兵处以革职；被商民联名控告的长、目、兵处以革职；深夜私自离开警局，在外游荡的长、目、兵处以革职；充顶功劳的长、目、兵处以革职。三是应斩的情形：抢夺商民财产、物件的长、目、兵处斩，强奸妇女的长、目、兵处斩，犯事私逃的长、目、兵处斩。 【官、弁奖赏类型与情形】一是记功的情形：勤奋耐劳，无怨无悔且每2个月内无过失的官、弁记功1次；窃案即时破案的官、弁记功1次；劫案即时破案的官、弁记功2次；连续记功3次累积为记大功1次；劫案伤事主的案件即时破案的官、弁记大功1次。二是奖叙的情形：累计大功3次的官、弁可上报请授予额外奖赏；创新性地指定新的制度、措施并能实际授益于商民的官、弁，可上报请授予额外奖赏；勤奋耐劳，无怨无悔且2年内无过失或功过相抵的情况的官、弁，可上报请授予优缺1次；捕获要犯过程中，尤为出力的迭获要犯异常出力的官、弁，可上报请授予额外奖赏。巡记在处理其专管的公文事件时，勤奋耐劳，无怨无悔且无过失的记功拔升，2年内无过失或功过相抵的情况的巡记，可上报请授予额外奖赏

结构	主要条目梳理与解译
赏罚	【长、目、兵奖赏类型与情形】一是赏花红的情形：共分1、2、3等花红，分别为赏银6、4、2两；捕获诱拐、诈骗、制造假币等案犯的长、目、兵获赏3等花红；遇到水患、火灾等一切危急情况能及时、实际出力灭灾，保卫的长、目、兵获赏2等花红；遇到械斗等造成人命案时，能及时疏散商民，且保卫安全的长、目、兵获赏1等花红。二是提拔的情形：捕获盗窃等各类案犯而记功5次的长、目、兵按顺序提拔；捕获强盗、劫匪等匪徒、重犯的长、目、兵立即提拔。三是赏功牌的情形：勤奋耐劳，无怨无悔任职2年的长、目、兵获赏功牌，尤为卖力任职的长、目、兵随时可上报请授予额外奖赏。 【抚恤类型与情形】一是因公导致残废的情形：任职3年后因公导致残废，而不能从事其他职业的，官弁另发6个月相应薪酬，巡长及其以下发给6个月相应薪酬。二是因公牺牲的情形：因公受伤牺牲的应抚恤该巡官、弁、长、目、兵等的家属，官弁发给1年相应薪酬，巡长及以下发给1年相应薪酬。因病身故的巡长、目、兵发给8两埋葬银，因公导致受伤或者患病的给予医药医治

资料来源：1902年刊登于《选报》的《内政纪事：直督袁奏仿西法创设保定警务局并添设警务学堂章程折》

保定清末城市警政规章一览表   表D-2

年份	名称	来源
1902	《保定警务局暂行规条》《保定警务局巡逻规矩》《保定警务局站岗规矩》	《中国晚清警事大辑（第一辑）》
1906	《保定警务局颁定旅店赁宿客商式规则》《保定警务局管理旅店法》	
1907	《保定工巡总局员弁职守》《保定工巡总局吴道筬孙禀送规定四乡巡警与村正副权限规则示稿文并批》《保定济良教育所大概章程》《保定济良教育所女学生择配守则》《保定四乡巡警各局应设巡董分任局事章程》《保定莲池游览章程》《保定消防队救火守则》《京汉铁路巡警章程》	"全国报刊索引"数据库
1908	《管理女仆待雇所章程》《管理人力车规则情形文附规则》	

附录E 保定近代城市新式学堂信息汇总表

保定近代城市新式学堂信息汇总表　　　　　　　　　　　表 E-1

序号	名称	创办年代	校址
高1	畿辅大学堂→直隶高等学堂	1898	西下关原灵雨寺址
高2	直隶农务学堂→直隶高等农业学堂→河北省立农学院	1902	西关霍家大院（原灵雨寺址）
高3	直隶法政学堂	1905	城内布政使司内西部
高4	省城医学堂	1907	城内三皇庙
高5	直隶法律学堂	1908	城内按察使司内西部
高6	直隶公立医学专门学校→河北省立医学院	1915	北关直隶高师校址→西关灵雨寺
高7	河北大学	1921	西关灵雨寺原直隶高等学堂址
师1	天主教师范学校	1889	北关教堂
师2	直隶师范学堂→直隶高等师范学校	1903	城内金线胡同→北关原保定府小教场
师3	保定初级师范学堂→保定府立示范学堂→省立保定第二示范学校	1904	西下关
师4	清苑县初级师范学堂	1906	西关忠烈祠
师5	若瑟修道院女子师范班	1910	城内大钟树胡同
师6	直隶第二女子师范学校→省立女子师范学校	1915	城内仓门口
师7	清苑县简易师范学校	1923	城内振兴里→西关皇华馆
师8	河北省立保定师范专科学校	1941	城内城隍庙西邻（原字母宫址）
师9	省立社会教育师范学校	1946	南关公园河南岸
职1	东文学堂、西文学堂	1898	城内莲池书院
职2	保定巡警学堂	1902	城内贡院街工巡总局院内
职3	直隶通省巡警学堂	1902	城内贡院街工巡总局院内
职4	直隶司法警察学堂	1903	城内通省巡警学堂内
职5	艺徒学堂	1905	城内小圣庙
职6	工艺局习艺所	1905	城内三皇庙南侧
职7	普通科学馆	1905	城内莲池书院
职8	保定府公立中等商业学堂	1906	城内院署东
职9	商务第一学堂	1906	城内金线胡同
职10	商务第二学堂	1906	城内北白衣庵

续表

序号	名称	创办年代	校址
职11	保定府全属警务学堂	1906	不详
职12	保定警务局补习学堂	1907	不详
职13	私立法文学社	1908	不详
职14	农工学堂	1909	不详
职15	保定实业补习学堂→保定高级工业职业学校	1909	城内北菜园
职16	河北省立农业职业学校	1940	西关升平街
军1	北洋行营将弁学堂	1902	西下关原灵雨寺
军2	练官营	1902	城内总督署西侧
军3	参谋学堂	1902	城内总督署西侧
军4	测绘学堂	1902	城内总督署西侧
军5	北洋速成武备学堂→通国陆军速成学堂（内设相应师范学堂、小学堂以及军医、军械与经理学堂等）	1903—1905	城内淮军公所→东关
军6	保定官军学堂	1906	西关北洋行营将弁学堂→东关速成武备学堂内
军7	宪兵学堂→陆军警察学堂	1906	城东南兵营（后被曹锟改为保定飞行场）
军8	保定陆军军官学校	1912	东关原保定军官学堂址
军9	直隶讲武堂	1920	东关
军10	保定航堂学校	1923	东关
中1	培基女校	1901	南关舟止舫头街
中2	保定崇实中学堂→保定公立第一中学堂	1904	北下关
中3	保定府官立中学堂→省立第六中学→保定中学	1906	城内城隍庙西子母宫→西关灵雨寺→北关
中4	私立诚慎中学堂	1906	城内国公街
中5	宣化公立普通学堂	1906	不详
中6	育德中学	1908	西关金台驿街朝阳寺
中7	中州公立中学堂	1909	城内菊胡同中州会馆
中8	两江公立中学堂	1909	城内半亩园两江会馆
中9	清苑县官立中学堂	1909	城内城隍庙
中10	天主教小修道院中学	1912	西关升平街路北
中11	烈士田中学→景仁中学	1917	西关小集后街→南关公元→北关
中12	范真女子中学→保定女子中学	1920	西关小集后街→城内南城东马道

续表

序号	名称	创办年代	校址
中13	培德中学	1924	北关
中14	志存中学	1924	城内西南三皇庙
中15	同仁中学	1924	南关舟止舫头街
中16	民生中学	1925	城内提法司街原直隶按察使司署
中17	崇真男中	1931	南关男中
中18	淑慎女子初级中学	1942	南关史庄街
中19	四存中学	1946	南关公园
中20	石家庄区联合中学	1947	城内城隍庙西邻原保定师专址
中21	笠人中学	1947	西大园北街
小1	蒙养学堂→保师附小	1896	城内莲池
小2	同仁学堂	1901	南关舟止舫头街
小3	培基女校	1901	南关舟止舫头街
小4	启真女子小学	1901	北关张庄村→西关小集后街（烈士田学道院）
小5	保定府官立第一初等小学堂	1902	城内将军庙街将军庙废址
小6	保定府官立第二初等小学堂	1902	城内九圣庵→城内淮军公所
小7	保定府官立第三初等小学堂	1902	城内东清真寺
小8	保定府官立第四初等小学堂	1902	城内南部东马道府学
小9	清苑县私立第一小学堂→县立女子模范小学	1902	城内大纪家胡同贺氏西园家庙
小10	烈士田小学	1902	西关小集后街
小11	协志女塾	1902	西关小集后街（今二五二医院内）
小12	城隍庙基督教小学堂	1902	城内城隍庙街路东城中基督教会（福音堂）内
小13	直隶师范学堂附属高等小学堂→省立第二模范小学	1903	城内帅府胡同
小14	清苑县官立第一高等小学堂→皇华馆小学	1904	西关皇华馆
小15	中州公立高等小学堂	1904	城内菊胡同中州会馆
小16	南白衣庵官立高等小学堂	1905	城内南白衣庵
小17	保定公立第二两等小学堂→白衣庵小学	1905	城内琅瑚街北白衣庵
小18	官立自费高等小学堂→全节堂附属高等小学堂	1905	西关杨公祠

续表

序号	名称	创办年代	校址
小19	清苑县立第一两等模范小学堂→厚福盈小学	1905	城内厚福盈原大士庵
小20	皂君庙公立两等小学堂	1905	城内皂君庙（永华北路）
小21	讷公祠公立高等小学	1905	西关金台驿朝阳寺
小22	保定师范学堂附属高等小学	1905	西关皇华馆街忠烈祠
小23	山左会馆小学堂	1905	城内延寿寺街山左（山东）公馆
小24	四川会馆第一初等小学堂	1905	城内东大街（四川会馆）
小25	城隍庙公立第一高等小学堂	1905	城内城隍庙
小26	杨忠愍公祠公立小学堂	1905	城内金线胡同杨公祠
小27	玄坛庙两等小学堂	1905	城内玄坛庙胡同玄坛庙
小28	观音堂两等小学堂	1905	城内观音堂胡同观音堂
小29	泰山行宫二等小学堂	1905	城内泰山行宫街泰山行宫
小30	司狱初等小学堂	1905	城内辅誉街司狱
小31	管驿街初等小学堂	1905	西关官驿街原金台驿址东院
小32	法华庵官立两等小学堂	1905	城内法华庵胡同法华庵
小33	两江学堂	1905	城内半亩园两江会馆
小34	浙江学堂	1905	城内贡院街（市府前街）浙绍会馆
小35	河间小学堂	1905	城内院署东
小36	宣化府私立普通学堂	1905	不详
小37	直隶全省女子学堂	1905	城内兴华路育婴堂→城内仓门口废仓故址
小38	旗奉吉江公立两等小学堂	1908	城内城守尉署内
小39	清苑县官立初等第二女学堂→女师二附小	1909	城内穿行楼东→城内县学街县学
小40	清苑县官立初等第三女学堂	1909	城内中平嘉胡同
小41	保定满营官立初等小学堂	1909	城内慈禧行宫
小42	天主教小修道院中学小学部→志仁小学	1912	西关升平街路北
小43	省立女二师第一附属小学→延寿寺小学	1919	城内延寿寺原清直隶总督署直辖督标右营署址
小44	省立女二师附属第三小学→仓门口小学	1919	城内仓门口原清苑县署监狱址
小45	淑慎女子小学	1924	南关史庄街

续表

序号	名称	创办年代	校址
小46	崇真高级小学	1926	南关史庄街
小47	明道学校→真道小学	1926	城内天主堂
小48	铁路员工子弟小学	1926	西关永宁寺街永宁寺址
小49	培英小学	1927	城内半亩园两江会馆
小50	万慈小学	1927	城内中平嘉胡同15号→城内中华路
小51	省公安局两级小学	1930	城内金线胡同杨公祠
小52	国术馆	1932	城内县学街县文庙
小53	达仁小学	1932	城内法华庵胡同法华庵
小54	乾义初级小学	1934	南关舟止舫头
小55	东街公立小学	1934	城内东大街原清水利通判署址
小56	成德小学	1934	城内府学后街关帝庙
小57	南关公立小学	1934	南关大街
小58	广培小学→文昌宫小学	1934	北关文昌宫
小59	公德胡同小学	1936	城内公德胡同
小60	树德小学	1938	城内金线胡同杨公祠
小61	志坚小学	1938	城内半亩园两江会馆
小62	穆德初等小学	1945	城内东清真寺
小63	万字会小学	1945	城内北大街万字会
小64	四存小学	1945	南关公园
小65	明德小学	1945	城内杨淑胡同原电话局址
小66	中和小学	不详	城内中平嘉胡同
小67	中正小学	不详	城内椿树胡同
小68	民智小学	1945	城内安详胡同或穿行楼东路北
小69	保定救济院附设小学	1945	城内椿树胡同全节堂
小70	保定救济院育幼所小学	1945	西关小西门外北河坡
小71	保定笠人小学	1946	城内西大园北街
小72	保定救济院儿童教养院小学	1947	城内贵显胡同

注:"创办主体"中"公立"指非政府团体设立,"私立"指非政府且非集体的私人所立。"序号"中"高"指高等学校,"师"指师范学校,"职"指专业、职业学校,"军"指军事学校,"中"指中学,"小"指小学

资料来源:佚名,1905;佚名,1905;保定市政协文史委员会,1992;王庆丰,2011;保定教育史料选编编委会,2012;保定教育史料选编编委会,2012

附录F 保定四乡（近代保定城以外的清苑县农村地区）1930年、1936年、1946年农民文化程度数据

此附录数据来自于著名的"无锡、保定农村调查"。第一次"无锡、保定农村调查"由著名留美学者、中共地下党员、时任中央研究院社会科学研究所社会学主任——陈翰笙发起。其中保定调查从1930年5月开始，8月结束，从保定所在清苑县域中划出四个调查区，抽取11个村开展了调查。1957年，第一次"无锡、保定农村调查"在中央研究院档案中被发现，时任中国科学院哲学社会科学学部经济研究所所长、国家统计局副局长——孙冶方认为这一史料十分珍贵，并有必要开展第二次"无锡、保定农村调查"，以进一步揭示无锡、保定20世纪30—50年代近30年间的农村社会、经济变化。为此，1957年，第二次"无锡、保定农村调查"以第一次"无锡、保定农村调查"为基准而启动，一方面收集国民政府"黄金十年"时期以及土改前一年两个时间点的相应原始数据，另一方面走访、调研、统计当年的数据。最终，整理形成1929/1930年、1936年、1948/1946年、1957年四个时间点的无锡、保定农村调查数据。由中国社会科学院经济研究所于2021年对这一系列珍贵的调查数据重新进行整编出版，名为《无锡、保定农村调查资料（1929-1957）》。针对本研究中关于保定近代城乡教育水平失衡现象分析的需要，从《无锡、保定农村调查资料（1929-1957）》中摘录其中关于保定四乡1930年、1936年、1946年三年农民文化程度的相关数据，并整理如下。

谢庄村1930年、1936年、1946年三年农民文化程度数据整理　　表F-1

年份	在村情况	数据类型	学龄儿童		14岁以上人口文化状况						
			合计	在学	合计	文盲	初小	高小	初中	高中	大学
1930	常住	人数（人）	179	50	813	748	43	17	1	2	2
		占比（%）	100	27.93	100	92	5.29	2.09	0.12	0.25	0.25
	在外	人数（人）	6	4	84	56	7	9	7		5
		占比（%）	100	66.67	100	66.28	8.43	10.84	8.43		6.02
1936	常住	人数（人）	193	63	856	758	66	30	1	1	
		占比（%）	100	67.74	100	88.50	7.70	3.50	0.15	0.15	
	在外	人数（人）	2		91	53	9	14	8	1	6
		占比（%）	100		100	58.24	9.89	15.38	8.79	1.11	6.59
1946	常住	人数（人）	177	86	924	780	88	51	4	1	
		占比（%）	100	39.55	100	84.42	9.50	5.52	0.43	0.13	
	在外	人数（人）	5	1	97	45	14	26	8	1	3
		占比（%）	100	20	100	46.39	14.43	26.80	8.25	1	3.13

资料来源：中国社会科学院经济研究所等，2021

东孟庄村1930年、1936年、1946年三年农民文化程度数据整理　　表 F-2

年份	在村情况	数据类型	学龄儿童 合计	学龄儿童 在学	14岁以上人口文化状况 合计	文盲	初小	高小	初中	高中	大学
1930	常住	人数（人）	111	30	540	479	39	18	3	1	
		占比（%）	100	27	100	88.70	7.22	3.33	0.56	0.19	
	在外	人数（人）	4	1	37	12	5	11	7	1	1
		占比（%）	100	25	100	32.43	13.52	29.73	18.92	2.70	2.70
1936	常住	人数（人）	134	58	574	495	53	21	4	1	
		占比（%）	100	43.28	100	86.24	9.23	3.66	0.7	0.17	
	在外	人数（人）	4	3	49	20	10	10	6	1	2
		占比（%）	100	75	100	40.82	20.41	20.41	21.24	2.04	4.08
1946	常住	人数（人）	126	68	561	450	76	30	5		
		占比（%）	100	53.97	100	80.2	13.55	5.35	0.9		
	在外	人数（人）	7	3	88	41	20	19	7		1
		占比（%）	100	42.86	100	46.59	22.72	21.6	7.95		1.14

资料来源：中国社会科学院经济研究所等，2021

南邓村1930年、1936年、1946年三年农民文化程度数据整理　　表 F-3

年份	在村情况	数据类型	学龄儿童 合计	学龄儿童 在学	14岁以上人口文化状况 合计	文盲	初小	高小	初中	高中	大学
1930	常住	人数（人）	134	22	648	588	52	8			
		占比（%）	100	16.42	100	90.74	8.02	1.24			
	在外	人数（人）			38	25	13				
		占比（%）	100		100	65.79	34.21				
1936	常住	人数（人）	136	22	668	580	74	13	1		
		占比（%）	100	16.18	100	86.83	11.08	19.5	0.14		
	在外	人数（人）	3		38	27	10	1			
		占比（%）	100		100	71.05	26.32	2.63			
1946	常住	人数（人）	163	46	704	602	85	16	1		
		占比（%）	100	28.10	100	85.51	12.07	2.27	0.15		
	在外	人数（人）	1	1	53	36	10	7			
		占比（%）	100	100	100	76.92	18.87	13.21			

资料来源：中国社会科学院经济研究所等，2021

蔡家营村1930年、1936年、1946年三年农民文化程度数据整理　　表F-4

年份	在村情况	数据类型	学龄儿童 合计	学龄儿童 在学	14岁以上人口文化状况 合计	文盲	初小	高小	初中	高中	大学
1930	常住	人数（人）	52	16	289	245	40	4			
		占比（%）	100	30.77	100	84.78	13.84	1.38			
	在外	人数（人）			6	2	1		3		
		占比（%）		100	100	33.33	16.67		50		
1936	常住	人数（人）	58	13	281	229	48	3	1		
		占比（%）	100	23.21	100	81.49	17.08	1.07	0.36		
	在外	人数（人）			18	7	7	1	2	1	
		占比（%）		100	100	38.89	38.89	5.56	11.1	5.56	
1946	常住	人数（人）	49	24	298	232	58	7		1	
		占比（%）	100	48.98	100	77.85	19.46	2.35		0.34	
	在外	人数（人）			20	8	9	1	2		
		占比（%）		100	100	40	45	5	10		

资料来源：中国社会科学院经济研究所等，2021

固上村1930年、1936年、1946年三年农民文化程度数据整理　　表F-5

年份	在村情况	数据类型	学龄儿童 合计	学龄儿童 在学	14岁以上人口文化状况 合计	文盲	初小	高小	初中	高中	大学
1930	常住	人数（人）	218	50	1138	958	119	57	3	1	
		占比（%）	100	22.94	100	84.18	10.47	5	0.26	0.09	
	在外	人数（人）	3	3	82	36	19	18	7	1	1
		占比（%）	100	100	100	43.9	23.17	21.95	8.54	1.22	1.22
1936	常住	人数（人）	262	57	1151	953	128	66	3	1	
		占比（%）	100	21.76	100	82.80	11.12	5.73	0.26	0.09	
	在外	人数（人）	3	1	79	28	17	22	9	1	2
		占比（%）	100	33.33	100	35.44	21.52	27.85	11.39	1.30	2.50
1946	常住	人数（人）	235	69	1316	1052	180	70	13	1	
		占比（%）	100	29.36	100	79.94	13.68	5.32	0.99	0.07	
	在外	人数（人）	12	5	111	38	30	28	12	1	2
		占比（%）	100	46.7	100	34.23	27.03	25.23	10.81	0.9	1.8

资料来源：中国社会科学院经济研究所等，2021

何家桥村1930年、1936年、1946年三年农民文化程度数据整理　　表 F-6

年份	在村情况	数据类型	学龄儿童 合计	学龄儿童 在学	14岁以上人口文化状况 合计	文盲	初小	高小	初中	高中	大学
1930	常住	人数（人）	180	19	845	756	68	19	2		
		占比（%）	100	10.56	100	89.47	8.04	2.25	0.24		
	在外	人数（人）	4		35	24	5	4		2	
		占比（%）	100		100	68.57	14.29	11.43		5.72	
1936	常住	人数（人）	205	24	870	767	78	21	4		
		占比（%）	100	12	100	88.16	8.96	2.41	0.47		
	在外	人数（人）	4	1	37	21	10	3	1	2	
		占比（%）	100	25	100	56.25	27.03	8.11	2.70	5.41	
1946	常住	人数（人）	161	45	935	792	110	26	6		1
		占比（%）	100	27.95	100	84.71	11.76	2.78	0.64		0.11
	在外	人数（人）	1	1	61	30	22	6	1	1	1
		占比（%）	100	100	100	49.17	36.07	9.84	1.64	1.64	1.64

资料来源：中国社会科学院经济研究所等，2021

东顾庄村1930年、1936年、1946年三年农民文化程度数据整理　　表 F-7

年份	在村情况	数据类型	学龄儿童 合计	学龄儿童 在学	14岁以上人口文化状况 合计	文盲	初小	高小	初中	高中	大学
1930	常住	人数（人）	131	15	628	584	36	6	1	1	
		占比（%）	100	11.45	100	92.99	5.73	0.96	0.16	0.16	
	在外	人数（人）	4		41	30	9	1	1		
		占比（%）	100		100	73.17	21.95	2.44	2.44		
1936	常住	人数（人）	147	20	669	613	47	6	1	1	
		占比（%）	100	13.61	100	91.77	7.03	0.9	0.15	0.15	
	在外	人数（人）	7	2	51	33	12	4	2		
		占比（%）	100	28.57	100	78.31	14.46	4.82	2.41		
1946	常住	人数（人）	159	38	722	652	62	5	1	1	1
		占比（%）	100	23.90	100	90.3	8.59	0.69	0.14	0.14	0.14
	在外	人数（人）	3		49	28	13	7	1		
		占比（%）	100		100	57.14	26.53	14.29	2.04		

资料来源：中国社会科学院经济研究所等，2021

李家罗侯村1930年、1936年、1946年三年农民文化程度数据整理　表F-8

年份	在村情况	数据类型	学龄儿童 合计	学龄儿童 在学	14岁以上人口文化状况 合计	文盲	初小	高小	初中	高中	大学
1930	常住	人数（人）	138	20	672	624	42	5	—	1	
		占比（%）	100	14.48	100	92.54	6.54	0.77		0.15	
	在外	人数（人）			24	18	3	2	1		
		占比（%）		100	100	72	16	8	4		
1936	常住	人数（人）	151	26	681	618	54	9			
		占比（%）	100	17.20	100	90.75	7.93	1.32			
	在外	人数（人）	4		49	38	9	1	1		
		占比（%）	100		100	77.55	18.37	2.04	2.04		
1946	常住	人数（人）	169	39	787	685	80	20	2		
		占比（%）	100	23.08	100	87.04	10.16	2.54	0.26		
	在外	人数（人）			33	15	14	2	2		
		占比（%）	100		100	45.45	42.43	6.06	6.06		

资料来源：中国社会科学院经济研究所等，2021

薛庄村1930年、1936年、1946年三年农民文化程度数据整理　表F-9

年份	在村情况	数据类型	学龄儿童 合计	学龄儿童 在学	14岁以上人口文化状况 合计	文盲	初小	高小	初中	高中	大学
1930	常住	人数（人）	90	36	507	433	50	18	3	3	
		占比（%）	100	40.00	100	85.4	9.86	3.65	0.54	0.55	
	在外	人数（人）			100	47	35	13	2	1	2
		占比（%）		100	100	47	35	13	2	1	2
1936	常住	人数（人）	129	35	466	389	51	21	3	2	
		占比（%）	100	27.13	100	83.48	10.94	4.51	0.64	0.43	
	在外	人数（人）	5	2	105	47	39	14	3		2
		占比（%）	100	40	100	44.76	37.14	13.33	2.86		1.91
1946	常住	人数（人）	123	62	528	402	77	37	11	1	
		占比（%）	100	50.41	100	76.14	14.58	7.01	2.08	0.19	
	在外	人数（人）	6	4	98	44	32	14	6		2
		占比（%）	100	66.67	100	44.9	32.65	14.29	6.12		2.04

资料来源：中国社会科学院经济研究所等，2021

大祝泽村1930年、1936年、1946年三年农民文化程度数据整理　表F-10

年份	在村情况	数据类型	学龄儿童 合计	学龄儿童 在学	14岁以上人口文化状况 合计	文盲	初小	高小	初中	高中	大学
1930	常住	人数（人）	136	35	762	668	63	24	6	1	
		占比（%）	100	25.73	100	87.66	8.27	3.15	0.79	0.13	
	在外	人数（人）			45	16	15	12	2		
		占比（%）	100		100	35.56	33.33	26.67	4.44		
1936	常住	人数（人）	152	59	780	655	86	33	5	1	
		占比（%）	100	38.82	100	83.97	11.03	4.23	0.64	0.13	
	在外	人数（人）			59	25	17	14	3		
		占比（%）	100		100	42.37	28.81	23.73	5.09		
1946	常住	人数（人）	171	65	852	686	114	49	3		
		占比（%）	100	38.01	100	80.52	13.88	5.75	0.35		
	在外	人数（人）	5	2	72	30	15	19	6		2
		占比（%）	100	40	100	41.66	20.83	26.38	8.33		2.8

资料来源：中国社会科学院经济研究所等，2021

大阳村1930年、1936年、1946年三年农民文化程度数据整理　表F-11

年份	在村情况	数据类型	学龄儿童 合计	学龄儿童 在学	14岁以上人口文化状况 合计	文盲	初小	高小	初中	高中	大学
1930	常住	人数（人）	185	55	925	844	69	9	2	1	
		占比（%）	100	29.73	100	91.24	7.46	0.97	0.22	0.11	
	在外	人数（人）	2	1	71	36	20	10	3	2	
		占比（%）	100	50	100	50.7	28.17	14.08	4.23	2.82	
1936	常住	人数（人）	199	48	968	864	91	11	1	1	
		占比（%）	100	24.12	100	89.26	9.4	1.14	0.1	0.1	
	在外	人数（人）	3	2	108	51	38	10	7	2	
		占比（%）	100	66.67	100	47.22	35.19	9.26	6.48	1.85	
1946	常住	人数（人）	179	61	1079	929	123	22	2	3	
		占比（%）	100	34.08	100	86.1	11.4	2.04	0.18	0.28	
	在外	人数（人）	2	2	129	54	49	17	7	1	1
		占比（%）	100	100	100	41.86	37.98	13.18	5.43	0.78	0.78

资料来源：中国社会科学院经济研究所等，2021

附录G 保定近代城市自治重要规章

保定近代城市自治的首份规章——1910年《保定城地方自治规约》　表 G-1

章名	条目
第一章 区域范围	第一条　保定城自治区域以本城固有之警区为准。 第二条　自治事宜遵照《城镇乡地方自治章程》第五条所列各事，以在本城自治范围内者为限
第二章 营业不正之范围	第三条　为不正当之营业者其范围如左：一种鸦片者、一售卖鸦片者、一开设妓馆者
第三章 互选细则	第四条　互选议长、副议长时，管理投票开票记数等事，以本会文牍庶务各员办理之。 第五条　互选时之投票检票方法均遵照城镇乡地方自治选举章程办理
第四章 议事会规约	第六条　凡请求开会，需将事由及意见详具说贴交议事会。 第七条　凡全体赴官诉讼及和解之事件，是否属于全体应否诉讼，均由议事会议决之。 第八条　议事会代表全体诉讼及和解之时，须有人到场者，应开会选举二三人为代表诉讼人。 第九条　议事会应设文牍员__人，每月薪水各__两，庶务员__人，每月薪水各__两
第五章 董事会规约	第十条　议长于平时每月至少到办事处十次，其不能到时，由副议会长代之。 第十一条　议事会之文件账册一概由议长署名盖章。 第十二条　议事会之官刊图记由议长保管印用。 第十三条　议事会之经费由议长遵照预算表向董事会领取，每月底结算，由议长核定公布之。 第十四条　总董每月薪水__两，董事每人每月薪水__两。 第十五条　董事会设文牍员___人，每月薪水各__两，庶务员__人，每月薪水各__两。 第十六条　总董、董事须每日定时至办事处办公。 第十七条　董事会之官刊图记由总董保存印用。 第十八条　董事会经管自治经费及公产等事，皆由总董担起责任。 第十九条　各项办事员应于事件发生时选派，其细则仍须由议事会公议，随时订入规约。 第二十条　总董遴选办事员，由董事会任用，开会多数责成为公认之方法。 第二十一条　办事员为临时增设之员，事毕即行撤销。 第二十二条　办事员之薪水由董事会公议之。 第二十三条　办事员于董事会会议时，亦得到会，惟只能就所办事务陈述意见，不得与议他事，亦不列议决之数。
第六章 自治经费之定名	第二十四条　凡办理地方自治章程第五条范围内事宜之经费，应属本城自治范围者，概行归并统名为"自治经费"。 第二十五条　本地方旧有之义仓、义学各善举及各修理费，应属本城自治范围者，如有存储及照例请领之款，亦均归入自治经费，其尚未查出之公款、公产查出后，亦一律办理

续表

章名	条目
第七章 自治经费之处置	第二十六条　凡不生利息之不动产，其属于本城自治范围内者，均改董事会管理，惟已经办理公益事宜或指定者，俟移迁停止时，交董事会管理。 第二十七条　凡公产皆作基本财产收用利息，如必须变卖时，必得议员三分之二之认可方能决定，应呈报地方官并公布之。 第二十八条　公产、公款等项，出租生息之变动，均由议事会公决之。 第二十九条　凡办理公益事宜之财产，由一人或一团体所自出者不在上三条之列。 第三十条　公益捐创办时，即遵照章程第九十三条，由本会临时拟具章程呈请地方官核办。 第三十一条　凡自治经费向由地方官征收或由他处经收者，应将所收全数交董事会管理其出纳。 第三十二条　凡办理奏章第五条范围内事宜之经费，及议董两会之常年经费，每年十月前由各主管造来年预算分表，于十月前交董事会造预算表，董事会应于十一月前送议事会议决分配，均在自治经费上开支。 第三十三条　自治经费之收支管理方法，由议董两会公议另订专章呈请地方官及自治总局核定
第八章 职员过失之惩戒	第三十四条　自治职员办事之过失，其惩戒种类如左：一、罚金；二、退职及停止选举权。 第三十五条　凡职员过失是否有心，及其情节轻重，须以其事由开会议决之。 第三十六条　凡应用何种惩戒，及罚金数目与停权期限，亦应一并议决

资料来源：《北洋官报》，1910

1944年颁布《河北省保定市商会章程》　　表G-2

结构	主要条目梳理与解译
组织职能	【总体目标】推动保定市区工业、商业以及与市区外的商贸发展，同时促进发展工商业的相关公共事业。 【八大任务】协商、筹办、决议工业、商业的改进、推动计划等相关事宜；征求、询问与工业、商业发展相关的意见和建议，通报相关问题、重大事项等；介绍与国际贸易相关的时事、知识等，指导工商企业顺利开展国际贸易；帮助协调、公断与工业、商业发展相关的纠纷与冲突；公证、鉴定与工业、商业发展相关的事项；调查工业、商业发展及其相关的情况，并编撰成册；在相关官署的批准下，组织筹办对工业、商业发展有推动作用的商品陈列所、商业学校等公共设施及相关公共事业；在工业、商业、贸易等市场面临危机或恐慌时，代表工商业界与地方政府沟通，请求地方政府履行维持市场稳定的责任等相关事宜。 【政府关系】本会就工业、商业发展相关事项向中央、地方政府及其相关部门提出建议与意见。本会代表保定市各工商企业答复中央、地方政府、自治机关等相关部门的问询，并接受它们委托的事项

续表

结构	主要条目梳理与解译
会员资格	【会员类型】总体包括两种会员类型：一是公会会员，即保定市区内以各行业同业公会形式，向本会常务理事提交入会申请书获批认证后，入会的会员；二是商店会员，即保定市区内以独立工业、商业法人或无同业公会的独立工厂、商店等形式，向本会常务理事提交入会申请书获批认证后，入会的会员。 【会员义务】遵守本会的规章制度以及表决通过的提案等，按时、按量上缴各种公共费用，出现违背以上规则行为的会员，由大会表决给予警告、除名等惩罚。退会须履行书面上报合理理由以及退会书，待本会核定、批准后退会。 【会员代表】两种类型的会员均须推举、委派具有本国国籍的20岁以上且没有以下情况的商人成员，作为该会员的代表出席本会组织的各类会议和活动：曾发表过违背国家政策、纲领的言论，或作出过相应行为；有侵犯、不正当争夺公权力的行为；所属工商企业已破产且还未恢复；因残废、患病等而没有自主行为能力；有吸毒史；丧失本国国籍。如成为代表后发生以上行为须及时按程序撤换。各行业同业公会的代表从该公会的理监事之中选拔不超过5人担任。商店会员的代表从每个独立商店的法人、经理人等中选定1人担任。各会员的代表在参与本会组织的决议、选举会议中所拥有的票数由该会员所缴纳的会费单位额度计算。代表因事不能出席各种投票会议时，须书面委托其他代表。代表撤换时，也须书面报予本会知晓、备案。代表出现不符合本会规章或损害本会形象等行为的，大会表决将该代表除名，通报相应会员重新选拔代表顶替
架构与经费	【主体架构】设三级名义职位作为本会主体架构，包括理事长1名，常务理事5名，理事15名、监事5名以及办事员若干。 【各级选拔】理事长由理事以匿名投票的方式从常务理事中选出（票数不少于3票），常务理事由理事以匿名互投的方式从理事中选出。理、监事是名誉属性的职位，由所有会员以匿名投票的方式从所有代表中选出。理、监事4年一换届，2年一改选，各职位确定后，应于15天内承报保定市政府转呈省政府，并报相关总领官署备案。以上职员除以下情况外，不得随意撤换：失去代表资格；因正当、切实原由向大会提请辞职并获批；未尽职尽力而被大会投票辞退；违背国家法规、本会规章，以假公济私等行为，被大会投票或相关政府部门发令辞退。 【各级职权】常务理事按本章程以及大会决议履行权力与义务，理事按本章程履行权力与义务，监事监督、审查理事履行权力与义务，审计经费收支。 【经费管理】主要包括两类经费：一是事务费，由公会会员会费的1/10以及商店会员按各自资本额一定比例缴纳的费用组成（资本额超过10000元的，每5000元为1个单位，未超过10000元的，每2000元为1个单位）；二是事业费，由本会草拟计划，并召集、组织会员商议、投票决定，上报地方政府审查并拨款。以上各种费用的预算、决算均须面向所有会员公告，经过会员大会共同表决，承报保定市政府转呈省政府，并报相关总领官署备案

资料来源：保定市工商业联合会 等，2019

参考文献

安新县地方志编纂委员会, 2000. 安新县志 [M]. 北京: 新华出版社.
安国市地方志编纂委员会, 1996. 安国县志 [M]. 北京: 方志出版社.
白眉初, 1924. 中华民国省区全志 (第一册)·京直绥察热五省区志 [M]. 北京师范大学史地系.
白寿彝, 2007. 中国交通史 [M]. 北京: 团结出版社.
保定邮电局史志编纂委员会, 1991. 保定邮电志 [M]. 北京: 中国文史出版社.
保定地区交通局史志编纂委员会, 1992. 保定地区公路史 [M]. 石家庄: 河北人民出版社.
保定市工商业联合会, 保定市档案馆, 2019. 百年保定商会 (保定商会档案精选) [G]. [出版者不详].
保定市莲池区档案局, 2018. 保定古城旧影 [G]. 北京: 中国摄影出版社.
保定通史编纂委员会, 等, 2019. 保定通史: 第三册·近现代卷·两次鸦片战争时期至北洋军阀统治时期 [M]. 北京: 中国文史出版社.
保定通史编纂委员会, 等, 2019. 保定通史: 第四册·近现代卷·第二次国内革命战争时期至解放战争时期 [M]. 北京: 中国文史出版社.
中国人民政治协商会议河北省保定市委员会文史资料研究委员会, 1992. 保定近代教育史略 [M]. 保定: 河北大学出版社.
中国人民政治协商会议河北省保定市委员会文史资料研究委员会, 1989. 保定文史资料选辑: 第六辑 [G]. 保定: 中国人民政治协商会议河北省保定市委员会文史资料研究委员会.
中国人民政治协商会议河北省保定市委员会文史资料研究委员会, 1993. 保定文史资料选辑: 第十、十一辑 [G]. 保定: 中国人民政治协商会议河北省保定市委员会文史资料研究委员会.
中国人民政治协商会议河北省保定市委员会文史资料研究委员会, 1996. 保定文史资料选辑: 第十四辑 [G]. 保定: 中国人民政治协商会议河北省保定市委员会文史资料研究委员会.
中国人民政治协商会议河北省保定市委员会文史资料研究委员会, 1999. 保定文史资料选辑: 第十六辑 [G]. 保定: 中国人民政治协商会议河北省保定市委员会文史资料研究委员会.
中国人民政治协商会议河北省保定市委员会文史资料研究委员会, 2001. 保定文史资料选辑: 第十七辑 [G]. 保定: 中国人民政治协商会议河北省保定市委员会文史资料研究委员会.
保定市人民政府地名办公室, 1984. 保定市地名资料汇编 [G]. 保定: 保定市人民政府地名办公室.
保定教育史料选编编委会, 2012. 保定教育史料选编 (第一册) [G]. 保定: 河北大学出版社.
保定教育史料选编编委会, 2012. 保定教育史料选编 (第二册) [G]. 保定: 河北大学出版社.
博野县志编纂委员会, 1996. 博野县志 [M]. 北京: 新华出版社.
宝琳, 等, 1969. 定州志 [M]. 台北: 成文出版社.
崔志海, 2003. 国外清末新政研究专著述评 [J]. 近代史研究 (04): 249-290.
陈伯庄, 1936. 小麦及面粉 [M]. 上海: 交通大学研究所.
陈宝生, 陈昌源, 等, 1969. 满城县志略 [M]. 台北: 成文出版社.
陈杰, 等, 1969. 涞水县志 [M]. 台北: 成文出版社.
陈锋, 2015. 晚清财政说明书2·直隶/山东 [M]. 武汉: 湖北人民出版社.
陈咏, 张惇德, 等, 1968. 唐县志 [M]. 台北: 成文出版社.
陈卫卫, 2012. 清末民初水路与保定经济发展研究 [D]. 保定: 河北大学.
陈伯涛, 2019. 古城保定老字号 [M]. 石家庄: 河北人民出版社.

成一农，2009. 古代城市形态研究方法新探［M］. 北京：社会科学文献出版社.

从翰香，史建云，2010. 近代华北粮食作物流通研究［A］//中国社会科学院近代史研究所. 第三届近代中国与世界国际学术研讨会本书集·第四卷·经济·社会·学术. 北京：中国社会科学院近代史研究所：29–48.

丁文江，等，1934. 中华民国新地图［M］. 上海：申报馆.

定州市地方志编纂委员会，1998. 定州市志［M］. 北京：中国城市出版社.

定兴县地方志编纂委员会，1997. 定兴县志［M］. 北京：方志出版社.

戴建兵，等，2017. 直隶省兵要地志（上册）［M］. 石家庄：河北教育出版社.

戴建兵，等，2017. 直隶省兵要地志（中册）［M］. 石家庄：河北教育出版社.

戴建兵，等，2017. 直隶省兵要地志（下册）［M］. 石家庄：河北教育出版社.

戴一峰，2000. 晚清中央与地方财政关系：以近代海关为中心［J］. 中国经济史研究（04）：59–73.

戴仕军，2004. 李鸿章治理直隶省务研究［D］. 北京：首都师范大学.

董言昌，2010. 天津面粉工业状况［M］. 北京：全国图书馆文献缩微中心.

董鉴泓，2004. 中国城市建设史［M］. 北京：中国建筑工业出版社.

董卫，2016. 近代历史视野下的中东铁路系列遗产［J］. 城市建筑（31）：3.

杜恂诚，1998. 民国时期的中央与地方财政划分［J］. 中国社会科学（03）：184–195.

方显廷，1935. 华北乡村织布工业与商人雇主制度［J］. 政治经济学报，3（4）：750–791.

方显廷，1935. 华北乡村织布工业与商人雇主制度［J］. 政治经济学报，4（1）：107–137.

方观承，2013. 御题棉花图［M］. 天津：天津古籍出版社.

冯惟敏，等，1992.（万历）保定府志［M］. 北京：书目文献出版社.

傅舒兰，孙国卿，2019. 苏州城市空间近代化及其特征研究［J］. 城市发展研究，26（11）：87–95.

范建鏋，2015. 近代以来我国中央与地方关系的历史演进及其财政逻辑［J］. 地方财政研究（10）：84–94.

范红霞，2002. 清末新政时期直隶地方自治［D］. 石家庄：河北师范大学.

樊卫国，2014. 近代上海同业公会与总商会、市商会之关系［J］. 上海经济研究（03）：79–88，132.

冯筱才，2003. 从"轻商"走向"重商"？——晚清重商主义再思考［J］. 社会科学研究（02）：123–130.

国家图书馆地方志家谱文献中心，2004. 孤本旧方志选编. 第一册~第二册［M］. 北京：线装书局.

甘厚慈，1907. 北洋公牍类纂［G］. 北京：京城益森印刷有限公司.

高阳县地方志编纂委员会，1999. 高阳县志［M］. 北京：方志出版社.

高碑店市地方志编纂委员会，1997. 高碑店市志［M］. 北京：新华出版社.

高红霞，尹茜，2015. 铁路运输与近代上海转运业的盛衰［J］. 城市史研究（01）：49–67，237–238.

葛宝森，2011. 保定商会研究（1907–1945）［D］. 保定：河北大学.

葛宝森，2012. 保定商会与地方政府关系初探［J］. 兰台世界（04）：20–21.

顾琳，2009. 中国的经济革命：二十世纪的乡村工业［M］. 王玉茹，张玮，李进霞，译. 南京：江苏人民出版社.

顾祖禹，等，2019. 读史方舆纪要［M］. 北京：中华书局.

韩志超，张珍，等，1969. 蠡县志［M］. 台北：成文出版社.

韩延龙，等，1993. 中国近代警察制度［M］. 北京：中国人民公安大学出版社.

韩玉洁，2010. 清代前期中央和地方的财政关系——以直隶省为中心的考察［D］. 天津：南开大学.

韩雁娟，李百浩，2017. 近代市建制初期昆明田园城市规划实践与思想［J］. 城市规划学刊（05）：111-118.

韩东洙，1994. 清代府城的城制与营建活动之营建［D］. 台北：台湾大学.

郝娇娇，2014. 1945-1949年保定商会研究［D］. 石家庄：河北师范大学.

河北省棉产改进会，2003. 河北省棉产调查报告［R］. 北京：全国图书馆文献缩微中心.

河北省政府建设厅，2017. 调查报告-第四编-工商 ［R］. 北京：全国图书馆文献缩微中心.

河北省县政建设研究院，2007. 定县地方自治概况调查报告书［R］. 北京：全国图书馆文献缩微中心.

河北政协文史资料委员会，2012. 河北文史资料全书·保定卷［G］. 北京：中国文史出版社.

河北省通志馆，等，1993. 河北通志稿［M］. 北京：燕山出版社.

河北省地方志编纂委员会，1993. 河北省志：第2卷 建置志［M］. 石家庄：河北人民出版社.

河北省地方志编纂委员会，1993. 河北省志（第3卷）·自然地理志［M］. 石家庄：河北科学技术出版社.

河北省地方志编纂委员会，1995. 河北省志（第20卷）·水利志［M］. 石家庄：河北人民出版社.

河北省地方志编纂委员会，1992. 河北省志（第39卷）·交通志［M］. 石家庄：河北人民出版社.

河北省地方志编纂委员会，1997. 河北省志：第40卷 铁道志［M］. 北京：中国铁道出版社.

河北省地方志编纂委员会，1998. 河北省志（第41卷）·邮电志［M］. 石家庄：河北人民出版社.

河北省地名办公室，1985. 河北政区沿革志［M］. 石家庄：河北科学技术出版社.

河北省商业志编辑委员会，1988. 河北省商业志［M］. 石家庄：河北省人民出版社.

河北省保定市地方志编纂委员会，1999. 保定市志（第一册）［M］. 北京：方志出版社.

河北省保定市地方志编纂委员会，1999. 保定市志（第二册）［M］. 北京：方志出版社.

河北省保定市地方志编纂委员会，1999. 保定市志（第三册）［M］. 北京：方志出版社.

荣禄堂，1899. 大清缙绅全书［M］. 荣禄堂.

何一民，1998. 论近代中国大城市发展动力机制的转变与优先发展的条件［J］. 中华文化论坛（04）：21-26.

何一民，2004. 从政治中心优先发展到经济中心优先发展——农业时代到工业时代中国城市发展动力机制的转变［J］. 西南民族大学学报（人文社科版）(01)：79-89.

何一民，2007. 近代中国衰落城市：一个被忽视的重要研究领域［J］. 四川师范大学学报（社会科学版)(04)：122-129.

何一民，2001. 辛亥革命前后中国城市市民生活观念的变化［J］. 西南交通大学学报（社会科学版）（03）：5-11.

黑格尔，1961. 法哲学原理［M］. 范扬，张企泰，译. 北京：商务印书馆.

黑格尔，1963. 历史哲学［M］. 王造时，译. 北京：商务印书馆.

侯安澜，王树枏，等，1968. 新城县志［M］. 台北：成文出版社.

侯利文，2018. 国家与社会：缘起、纷争与整合——兼论肖瑛《从"国家与社会"到"制度与生活"》［J］. 社会学评论，6（02）：71-79.

胡欣，2017. 晚清保定府灾荒与应对研究［D］. 石家庄：河北师范大学.

黄宗智，2000. 华北的小农经济与社会变迁［M］. 北京：中华书局.

黄韬，2016. 保定商会与保定区域市场研究（1907-1927）［D］. 保定：河北大学.

黄忠怀，2005. 从育婴堂到救济院：民国时期传统慈善事业的危机与转型——以保定育婴堂研究为中心［J］. 中国社会历史评论（00）：77-91.

纪弘谟，2017. 康熙保定府志［M］. 北京：国家图书馆出版社.

时来敏，2017. 康熙清苑县志［M］. 北京：国家图书馆出版社.

江沛，2015. 中国近代铁路史资料选辑［G］. 南京：凤凰出版社.

金良骥，姚寿昌，等，1968. 清苑县志［M］. 台北：成文出版社.

贾恩绂，等，1969. 定县志［M］. 台北：成文出版社.

晋圣斌，1995. 新潮·旧势·治道——中国古代治国智道透析［M］. 南宁：广西教育出版社.

姜锡东，等，2012. 保定商会档案［G］. 保定：河北大学出版社.

敬鑫，2015. 石家庄近代城市建设研究［D］. 北京：北方工业大学.

康功，等，1992. 雄乘［M］. 北京：全国图书馆缩微文献复制中心.

赖德霖，等，2016. 中国近代建筑史［M］. 北京：中国建筑工业出版社.

涞水县志编纂委员会，2000. 涞水县志［M］. 北京：北京燕山出版社.

李鸿章，黄彭年，等，1934. 畿辅通志［M］. 上海：商务印书馆.

李鸿章，1997. 李鸿章全集［G］. 海口：海南出版社.

李培祜，等，1882-1886.（光绪）保定府志［M］. 保定市方志办扫描本.

李逢源，2017. 同治清苑县志［M］. 北京：国家图书馆出版社.

李大本，李晓冷，等，1968. 高阳县志［M］. 台北：成文出版社.

李天玑，等，1969. 庆都县志［M］. 台北：成文出版社.

李竞能，1990. 天津人口史［M］. 天津：南开大学出版社.

李松欣，等，1999. 保定市城市建设志［M］. 北京：中国建筑工业出版社.

李百浩，2000. 中西近代城市规划比较综述［J］. 城市规划汇刊（01）：43-44，79-80.

李百浩，韩秀，2000. 如何研究中国近代城市规划史［J］. 城市规划（12）：34-36，50.

李百浩，吕婧，2005. 天津近代城市规划历史研究（1860-1949）［J］. 城市规划学刊（05）：79-86.

李百浩，郭建，2008. 中国近代城市规划与文化［M］. 武汉：湖北教育出版社.

李国平，2014. 京津冀一体化发展战略及对策［J］. 前线（08）：103-105.

李红英，2000. 晚清直隶灾荒及减灾措施的探讨［D］. 保定：河北大学.

李岚，2020. 近代太原城市规划与建设历史研究（1881-1949）［D］. 西安：西安建筑科技大学.

李珊，2019. 近代京津冀区域空间体系的构建［D］. 北京：北方工业大学.

李帅，2016. 保定近代城市建设的历史研究［D］. 北京：北方工业大学.

李友梅，黄晓春，张虎祥，等，2011. 从弥散到秩序："制度与生活"视野下的中国社会变迁

（1921–2011）[M]．北京：中国大百科全书出版社．

李姿姿，2008．国家与社会互动理论研究述评[J]．学术界（01）：270–277．

李占萍，闫银，2015．保定莲池书院学子近代从业述评[J]．保定学院学报，28（02）：110–118．

李惠民，2007．近代石家庄城市化研究（1901～1949）[D]．石家庄：河北师范大学．

李银丽，2008．浅论沦陷时期的汉口市商会[D]．武汉：华中师范大学．

李沛霖，2014．公共交通与城市人口关系辨析——以民国时期南京为中心的考察[J]．史学集刊（06）：39–47．

李东阳，2007．大明会典[M]．扬州：广陵书社．

蠡县地方志编纂委员会，1999．蠡县志[M]．北京：中华书局．

刘延昌，等，1976．徐水县新志[M]．台北：成文出版社．

刘若愚，1994．酌中志[M]．北京：全国图书馆文献缩微中心．

刘广京，等，1995．李鸿章评传：中国近代化的起始[M]．上海：上海古籍出版社．

刘建军，2008．代议制框架下的地方政治[D]．北京：中国人民大学．

刘志琴，田天，2013．近代区域政治中心的移转与城市功能的衍变——以清末民初的保定、天津为个案[J]．河北大学学报（哲学社会科学版），38（06）：37–42．

刘志琴，2015．近代保定城市功能变革研究（1840-1927）[M]．北京：人民文学出版社．

刘杰，李莎莎，2018．近代汉口商会与汉口地方经济社会治理（1907-1937）[J]．学习与实践（08）：126–133．

刘海岩，2006．电车、公共交通与近代天津城市发展[J]．史林（03）：20–25，125．

卢汉超，2008．美国的中国城市史研究[J]．清华大学学报（哲学社会科学版）(01)：115–126．

鲁西奇，马剑，2009．城墙内的城市?——中国古代治所城市形态的再认识[J]．中国社会经济史研究（02）：7–16．

鲁西奇，马剑，2009．空间与权力：中国古代城市形态与空间结构的政治文化内涵[J]．江汉论坛（04）：81–88．

洛克，1964．政府论（下篇）[M]．叶启芳，瞿菊农，译．北京：商务印书馆．

罗澍伟，1992．试论近代华北的区域城市系统[J]．天津社会科学（06）：60–64，71．

罗澍伟，1993．近代天津城市史[M]．北京：中国社会科学出版社．

罗尔纲，1937．清季兵为将有的起源[J]．中国社会经济史集刊，5（02）：235–250．

罗尔纲，2012．湘军新志[M]．北京：全国图书馆文献缩微中心．

罗玉东，2017．中国厘金史[M]．北京：商务印书馆．

罗威廉，2014．近代早期的中国城市[J]．史学月刊（04）：72–84．

吕婧，2005．天津近代城市规划历史研究[D]．武汉理工大学．

马大英，2011．中国财政收支系统论[M]．北京：全国图书馆文献缩微中心．

马金华，2004．晚清中央与地方的财政关系——以外债为研究中心[J]．清史研究（01）：94–101．

马青青，2018．民国时期保定私立育德中学研究（1928-1937）[D]．保定：河北大学．

马义平，2019．近代铁路通行对华北内地粮食经济发展的影响[J]．郑州大学学报（哲学社会科学版），52（03）：92–96，127．

满城县地方志编纂委员会，1997．满城县志[M]．北京：中国建材工业出版社．

麦叔度，1930. 河北省小麦之贩运［J］. 社会科学杂志（北平），1（1）：73-107.

苗卫芳，2011. 大清河水系与津保内河航运研究［D］. 保定：河北大学.

倪玉平，2016. 从"国家财政"到"财政国家"——试论清朝咸、同时期的财政转型［J］. 社会科学辑刊（06）：87-96，7.

倪玉平，2016.《中国近代海关税收和分配统计：1861—1910》税收统计补正［J］. 清华大学学报（哲学社会科学版），31（02）：132-136，198.

庞金友，2006. 现代西方国家与社会关系理论［M］. 北京：中国政法大学出版社.

彭作桢，等，1968. 完县新志［M］. 台北：成文出版社.

彭海雄，2019. 路径依赖、关键节点与近代广州公共卫生制度变迁——基于历史制度主义的分析［J］. 华南师范大学学报（社会科学版）（04）：166-175+192.

平汉铁路管理委员会，1989. 平汉年鉴［M］. 台北：文海出版社.

秦廷秀，刘崇本，等，1969. 雄县新志［M］. 台北：成文出版社.

清苑县地方志编纂委员会，1991. 清苑县志［M］. 北京：新华出版社.

清苑县地方志编纂委员会，2013. 清苑县志［M］. 北京：中央文献出版社.

绮文，1943. 华北模范省河北省省会——保定市建设猛晋概况［J］. 大东亚经济，6（02）：48-49.

邱国盛，2004. 从人力车看近代上海城市公共交通的演变［J］. 华东师范大学学报（哲学社会科学版）（02）：97-103，124.

曲直生，1931. 河北棉花之出产及贩运［M］. 上海：社会调查所.

曲晓璠，马岚，1994. 清末东三省地方自治运动述评［J］. 辽宁大学学报：哲学社会科学版（04）：79-83.

冉杭，1943. 保定道五年施政纪要［R］. 伪河北省政府保定道公署.

《容城县志》编辑委员会，1999. 容城县志［M］. 北京：方志出版社.

清元宗，1984. 嘉庆重修一统志［M］. 北京：国家图书馆出版社.

任吉东，2012. 近代城市化进程下的华北城乡变局——以天津、保定、唐山、石家庄为例［J］. 兰州学刊（07）：52-56.

任云兰，2007. 近代天津的社会救济事业探略［J］. 历史教学（高校版）（04）：36-39.

任云英，2005. 近代西安城市空间结构演变研究（1840-1949）［D］. 西安：陕西师范大学.

宋荫桐，2017. 光绪安国县新志稿［M］. 台北：成文出版社.

寿鹏飞，1990. 易县志稿［M］. 北京：学苑出版社.

孙施文，2007. 现代城市规划理论［M］. 北京：中国建筑工业出版社.

孙施文，2005. 现代城市规划理论［M］. 北京：中国建筑工业出版社.

孙翊刚，1988. 简明中国财政史［M］. 北京：中国财政经济出版社.

董庆铮，等，1987. 中国赋税史［M］. 北京：中国财政经济出版社.

孙诗萌，武廷海，2018. 雄安地区人居环境之演进［J］. 城市与区域规划研究，10（01）：109-127.

孙诗萌，2019. 自然与道德：古代永州地区城市规划设计研究［M］. 北京：中国建筑工业出版社.

施坚雅，1998. 中国农村的市场和社会结构［M］. 史建云，徐秀丽，译. 北京：中国社会科学出版社.

石德生，李云，2009. "国家与社会"理论模式的历史演进［J］. 求索（10）：106-108.

史佳，2009. 1907-1927年保定商会研究［D］. 保定：河北大学.

上海社会科学院，2018. 上海对外贸易（1840-1949）［C］. 北京：科学出版社.

上海市公安局史志办公室，等，2014. 海上警察百年印象（1843-1949）［M］. 上海：同济大学出版社.

谭其骧，1982. 中国历史地图集［M］. 北京：中国地图出版社.

脱脱，等，1997. 宋史［M］. 北京：中华书局.

汤象龙，1992. 中国近代海关税收和分配统计［M］. 北京：中华书局.

唐传泗，欧阳侃，1981. 中国近代商业史统计资料——小麦，面粉的贸易与价格（一）［J］. 上海经济研究（07）：59-61.

唐县地方志编纂委员会，1999. 唐县志［M］. 石家庄：河北人民出版社.

章修，等，1981. 弘治保定郡志［M］. 上海：上海古籍书店.

李廷宝，2017. 嘉靖清苑县志［M］. 北京：国家图书馆出版社.

天津市地方志编修委员会，1991. 天津简志［M］. 天津：天津人民出版社.

天津市城市规划志编纂委员会，1994. 天津市城市规划志［M］. 天津：天津科学技术出版社.

天津市地方志编修委员会，1996. 天津通志·城乡建设志（上册）［M］. 天津：天津社会科学院出版社.

天津市地方志编修委员会，1996. 天津通志·城乡建设志（下册）［M］. 天津：天津社会科学院出版社.

天津图书馆，天津社科院历史出版社研究所，1987. 袁世凯奏议（上）［G］. 天津：天津古籍出版社.

天津图书馆，天津社科院历史出版社研究所，1987. 袁世凯奏议（中）［G］. 天津：天津古籍出版社.

天津图书馆，天津社科院历史出版社研究所，1987. 袁世凯奏议（下）［G］. 天津：天津古籍出版社.

天津市规划和国土资源局，2004. 天津城市历史地图集［M］. 天津：天津古籍出版社.

铁道警察学院公安文化研究中心，2019. 中国近代铁路警察规章汇编［G］. 北京：中国人民公安大学出版社.

同济大学城市规划教研室，1982. 中国城市建设史［M］. 北京：中国建筑工业出版社.

涂文学，2009. 近代汉口市政改革对租界的效法与超越［J］. 江汉大学学报（社会科学版），26（04）：82-87.

台北故宫博物院故宫文献编辑委员会，1970. 袁世凯奏折专辑（第一册）［G］. 台北：广文书局有限公司.

台北故宫博物院故宫文献编辑委员会，1970. 袁世凯奏折专辑（第二册）［G］. 台北：广文书局有限公司.

台北故宫博物院故宫文献编辑委员会，1970. 袁世凯奏折专辑（第三册）［G］. 台北：广文书局有限公司.

台北故宫博物院故宫文献编辑委员会，1970. 袁世凯奏折专辑（第四册）［G］. 台北：广文书局有限公司.

台北故宫博物院故宫文献编辑委员会，1970. 袁世凯奏折专辑（第五册）［G］. 台北：广文书局有限公司.

台北故宫博物院故宫文献编辑委员会，1970. 袁世凯奏折专辑（第六册）［G］. 台北：广文书局有限公司.

台北故宫博物院故宫文献编辑委员会，1970. 袁世凯奏折专辑（第七册）［G］. 台北：广文书局有限公司.

台北故宫博物院故宫文献编辑委员会，1970. 袁世凯奏折专辑（第八册）［G］. 台北：广文书局有限公司.

托尔斯藤·华纳，2011. 近代青岛的城市规划与建设［M］. 青岛市档案馆，译. 南京：东南大学出版社.

吴知著，1936. 乡村织布工业的一个研究［M］. 上海：商务印书馆.

吴良镛，2016. 良镛求索［M］. 北京：清华大学出版社.

吴良镛，2006. 中国城市史研究的几个问题［J］. 城市发展研究（02）：1-3.

吴良镛，2006. 张謇与南通"中国近代第一城"［M］. 北京：中国建筑工业出版社.

吴庆洲，2005. 中国建筑史学近20年的发展及今后展望［J］. 华中建筑（03）：126-133.

吴晓松，1996. 交通拓展与近代东北城市建设［J］. 城市规划汇刊（03）：58-63，33.

吴薇，2012. 近代武昌城市发展与空间形态研究［D］. 广州：华南理工大学.

吴桂龙，1982. 清末上海地方自治运动述论［J］. 近代史研究（03）：161-182.

吴廷燮．1914. 清财政考略［M］.［出版者不详］

吴鏊，等，2017. 博野县志［M］. 北京：国家图书馆出版社.

武廷海，2000. 中国城市史研究中的区域观念［J］. 规划师（05）：87-89.

武廷海，2020. 元大都齐政楼与钟鼓楼研究——兼论钟鼓楼地区规划遗产价值［J］. 人类居住（03）：55-61.

武俊杰，2000. 近代华北棉田增长原因探析［J］. 山西大学学报（哲学社会科学版）（02）：62-65.

佚名，1934. 河北省各县概况一览［R］. 北京：全国图书馆文献缩微中心.

魏光奇，1986. 清代后期中央集权财政体制的瓦解［J］. 近代史研究（01）：207-230.

魏光奇，1998. 直隶地方自治中的县财政［J］. 近代史研究（01）：62-80.

魏光奇，2004. 官治与自治——20世纪上半期的中国县治［M］. 北京：商务印书馆.

魏国栋，2019. 清末保定商会的创建及其组织系统探究［J］. 保定学院学报，32（01）：113-120.

魏文享，2001. 近代工商同业公会的社会功能分析（1918-1937）——以上海、苏州为例［J］. 近代史学刊（00）：46-69+239.

翁春萌，2017. 武汉近代工业发展与城市形态变迁研究（1861-1937）［D］. 武汉：武汉大学.

王莲堂，2017. 民国容城县志［M］. 北京：国家图书馆出版社.

王德乾，等，1968. 望都县志［M］. 台北：成文出版社.

王树才，1988. 河北省航运史［M］. 北京：人民交通出版社.

王庆丰，2011. 保定古城街巷史话图说［M］. 北京：中国文史出版社.

王笛，2006. 街头文化：成都公共空间、下层民众与地方政治［M］. 李德英，谢继华，邓丽，译. 北京：中国人民大学出版社.

王国斌，2008. 转变的中国：历史变迁与欧洲经验的局限［M］. 李伯重，连玲玲，译. 南京：江苏人民出版社.

王建生，2010. 西方国家与社会关系理论流变［J］. 河南大学学报（社会科学版），50（06）：69-75.

王玲，1988. 北京与周围城市关系史［M］. 北京：北京燕山出版社.

王木南，2006. 一幅清末民初保定社会生活的历史图卷——记王宗玺拍摄的一组老照片［J］. 文物春秋（06）：74-77.

王姣娥，2018. 简明中国交通历史地图集［M］. 北京：星球地图出版社.

王瑞，2013. 一个西方人眼中的中国［D］. 上海：华东师范大学.

王奇生，1999. 民国时期县长的群体构成与人事嬗递——以1927年至1949年长江流域省份为中心［J］. 历史研究（02）：97-115.

王旭，2018. 清末直隶省地方自治实践与基层政府体制的近代转型［J］. 北京史学（01）：123-155.

王延开，2006. 洋务新政与李鸿章对财政的控制［D］. 长春：东北师范大学.

王祎茗，2016. 清末上海警察制度对近代中国警政的影响［J］. 公安学刊（浙江警察学院学报）（02）：95-99.

王勇，2006. 晚清地方官僚体制历史演变略论［J］. 云南师范大学学报（哲学社会科学版）（04）：65-69.

王志勇，2005. 近代保定天津城市发展比较研究（1840-1927）［D］. 武汉：华中师范大学.

汪士元，2013. 直隶省统计文表录要-卷中［R］. 北京：全国图书馆文献缩微中心.

望都县地方志编纂委员会，2018. 望都县志［M］. 北京：新华出版社.

学部总务司，1907. 第一次教育统计图表［M］.［出版者不详］.

王国祥，等，1998. 徐水县志［M］. 北京：新华出版社.

夏明方，1998. 从清末灾害群发期看中国早期现代化的历史条件——灾荒与洋务运动研究之一［J］. 清史研究（01）：70-82.

夏明方，2007. 一部没有"近代"的中国近代史——从"柯文三论"看"中国中心观"的内在逻辑及其困境［J］. 近代史研究（01）：1-20，158.

雄县县志编纂委员会，2018. 雄县志［M］. 石家庄：河北人民出版社.

薛柱斗，1968. 河北省新校天津卫志［M］. 台北：成文出版社.

熊月之，2013. 近代上海公园与社会生活［J］. 社会科学（05）：129-139.

肖瑛，2014. 从"国家与社会"到"制度与生活"：中国社会变迁研究的视角转换［J］. 中国社会科学（09）：88-104，204-205.

新莲池书院，2017. 康熙畿辅通志·雍正畿辅通志［M］. 北京：国家图书馆出版社.

许方，徐扬，2018. 唐山近代城市建设中的规划干预［C］//中国城市规划学会，杭州市人民政府. 共享与品质——2018中国城市规划年会论文集（04城市规划历史与理论）：202-213.

亚里士多德，等，2006. 政治学［M］.北京：商务印书馆

元好问，等，2008. 元好问集［M］. 太原：三晋出版社.

严宗嘉，2017. 雍正高阳县志［M］. 北京：国家图书馆出版社.

严巍，2016. 兰州近现代城市形态变迁研究［D］. 南京：东南大学.

闫永增，2007. 以矿兴市：近代唐山城市发展研究（1878-1948年）［D］. 厦门：厦门大学.

杨芊, 2017. 乾隆直隶易州志 [M]. 北京: 国家图书馆出版社.

杨秉德, 等, 1993. 中国近代城市与建筑 (1840-1949) [M]. 北京: 中国建筑工业出版社.

杨开忠, 2015. 京津冀大战略与首都未来构想——调整疏解北京城市功能的几个基本问题 [J]. 人民论坛·学术前沿 (02): 72-83, 95.

杨宇振, 2019. 生产新空间: 近代中国建市划界、冲突及其意涵——写在《城镇乡自治章程》颁布110年 [J]. 城市规划学刊 (01): 108-117.

杨柳, 2002. 从得水到治水——浅析风水水法在古代城市营建中的运用 [J]. 城市规划 (01): 79-84.

杨梅, 2007. 晚清中央与地方财政关系研究 [D]. 北京: 中国政法大学.

俞廷献, 等, 1968. 容城县志 [M]. 台北: 成文出版社.

于海漪, 2005. 南通近代城市规划与建设 [M]. 北京: 中国建筑工业出版社.

于广, 2020. 裁厘改税和民国时期央地财政关系的转变 [J]. 近代中国 (01): 81-101.

叶士东, 2005. 晚清交通立法研究 [D]. 北京: 中国政法大学.

易县地方志编纂委员会, 2000. 易县志 [M]. 北京: 中央编译出版社.

伊人镜. 新安志 [M]. 安新县档案局藏稿本、抄本, 河北大学图书馆、安新县方志办公室藏复印本.

尹晓敏, 2014. 保定商会与近代保定城市社会变迁 (1907-1928) [D]. 郑州: 郑州大学.

衣长春, 李想, 2017. 清代直隶政区变迁研究 [M]. 北京: 人民出版社.

佚名, 1905. 保定府学堂调查表 (乙巳年二月) (未完) [N]. 直隶白话报 (4): 29-34.

佚名, 1905. 保定府学堂调查表 (乙巳二月) (续完) [N]. 直隶白话报 (5): 33-36.

佚名, 1918. 各省邮务区各道县乡镇通邮处所一览表 (直隶保定道属第三表) [J]. 统计月刊年 (9): 93-106.

佚名, 1929. 河北各县县长俸给等级表 [J]. 河北民政汇刊 (5): 292-296.

佚名, 1937. 河北省清苑县地方实际情况调查报告 [J]. 冀察调查统计丛刊, 2 (1): 132-146.

佚名, 1910. 畿辅近事: 保定城地方自治规约 (未完) [N]. 北洋官报 (2382): 9-10.

佚名, 1910. 畿辅近事: 保定城地方自治规约 (续昨报) [N]. 北洋官报 (2383): 9.

越泽明, 1986. 中国东北都市计画史 [M]. 黄世孟, 译. 台北: 大佳出版社.

越泽明, 2011. 伪满洲国首都规划 [M]. 欧硕, 译. 北京: 社会科学文献出版社: 150-157.

中共中央马克思恩格斯列宁斯大林著作编译局, 2006. 马克思恩格斯全集: 第十九卷 [M]. 北京: 人民出版社.

彭定泽, 2017. 道光安州志 [M]. 北京: 国家图书馆出版社.

高景, 2017. 乾隆新安县志 [M]. 北京: 国家图书馆出版社.

中国社会科学院经济研究所, 江苏省统计局, 河北省统计局, 2021. 无锡、保定农村调查资料 (1929-1957)·保定卷 (上) [G]. 北京: 社会科学文献出版社.

中国社会科学院经济研究所, 江苏省统计局, 河北省统计局, 2021. 无锡、保定农村调查资料 (1929-1957)·保定卷 (下) [G]. 北京: 社会科学文献出版社.

中国人民政治协商会议河北省保定市委员会文史资料研究委员会编, 1985. 保定文史资料选辑: 第2辑 [G]. [出版者不详].

中国人民政治协商会议保定市委员会, 2021. 城市记忆——保定老工厂 [M]. 保定: 河北大学出版社.

直隶学务公所总务课, 2014. 直隶教育统计表图 [M]. 北京: 全国图书馆文献缩微中心.

直隶省商品陈列所, 2006. 直隶省商品陈列所第一次实业调查记 [R]. 北京: 全国图书馆文献缩微中心.

曾小萍, 等, 2005. 州县官的银两: 18世纪中国的合理化财政改革 [M]. 北京: 中国人民大学出版社.

郑合成, 1932. 安国县药市调查 (上) [J]. 社会科学杂志 (北平), 3 (1): 94-124.

郑合成, 1932. 安国县药市调查 (下) [J]. 社会科学杂志 (北平), 3 (2): 186-233.

郑学檬, 2000. 中国赋役制度史 [M]. 上海: 上海人民出版社.

郑红彬, 2010. 保定近代城市与建筑发展的历史研究 [C]. 2010年中国近代建筑史国际研讨会.

周辰, 2020. 强制与诱致: 近代直隶中心城市转移——以天津、保定为例 [J]. 科学经济社会, 38 (02): 36-41, 61.

周辰, 2020. 近代保定城市经济发展研究 (1840-1937) [D]. 苏州: 苏州大学.

周积明, 等, 2000. 中国社会史论 [M]. 武汉: 湖北教育出版社.

周龙龙, 等, 2019. 民国时期保定救济院与地方社会研究 (1928—1937) [D]. 保定: 河北大学.

张之洞, 1998. 张之洞全集 [G]. 石家庄: 河北人民出版社.

张梁任, 1990. 中国邮政 [M]. 上海: 上海书店.

张培刚, 1936. 清苑的农家经济 (上) [J]. 社会科学杂志 (北平), 7 (1): 1-65.

张培刚, 1936. 清苑的农家经济 (中) [J]. 社会科学杂志 (北平), 7 (2): 187-266.

张培刚, 1937. 清苑的农家经济 (下) [J]. 社会科学杂志 (北平), 8 (1): 53-120.

张焕, 2017. 乾隆满城县志 [M]. 北京: 国家图书馆出版社.

张钝, 史元善, 2017. 乾隆安肃县志 [M]. 北京: 国家图书馆出版社.

张丙嘉, 2017. 光绪续修新城县志 [M]. 北京: 国家图书馆出版社.

张主敬, 等, 1969. 定兴县志 [M]. 台北: 成文出版社.

张兵, 2013. 我国近现代城市规划史研究的方向 [J]. 城市与区域规划研究, 6 (01): 1-12.

张兵, 2016. 京津冀协同发展与国家空间治理的战略性思考 [J]. 城市规划学刊 (04): 15-21.

张京祥, 2005. 西方城市规划思想史纲 [M]. 南京: 东南大学出版社.

张复合, 1999. 中国近代建筑研究与保护 [M]. 北京: 清华大学出版社.

张高臣, 2010. 光绪朝 (1875-1908) 灾荒研究 [D]. 济南: 山东大学.

张利民, 1990. 试论近代华北棉花流通系统 [J]. 中国社会经济史研究 (01): 78-83, 88.

张利民, 1991. 论近代天津城市人口的发展 [J]. 城市史研究, 73.

张利民, 1998. 近代华北城市人口发展及其不平衡性 [J]. 近代史研究 (01): 191-215.

张利民, 2003. 近代环渤海地区经济与社会研究 [M]. 天津: 天津社会科学院出版社.

张利民, 2004. 华北城市经济近代化研究 [M]. 天津: 天津科学技术出版社.

张利民, 我国近代城市发展动力分析 [N]. 人民日报 (005). (2014-04-13) [2021-07-20].

张立辉, 2014. 保定府河 [M]. 保定: 河北大学出版社.

张静, 2016. 传统与变革: 近代保定的城市空间 (1860-1928年) [M]. 石家庄: 河北人民出版社.

张慧芝, 2013. 天子脚下与殖民阴影: 清代直隶省的城市 [M]. 上海: 上海三联书店.

张慧芝,徐蕊,2014. 渐远渐失:近代保定和北京城市的关系[J]. 城市史研究(02):30-38,245.

张清俐,2017. 近代城市史研究领域不断更新[N]. 中国社会科学报(002). 2021-07-22.

张学军,等,2002. 直隶商会与直隶社会变迁(1903-1928)[M]. 成都:西南交通大学出版社.

张秀芹,洪再生,2009. 近代天津城市空间形态的演变[J]. 城市规划学刊(06):93-98.

张启社,杨宁,2007. 汉口市商会与抗战前武汉社会经济的发展[J]. 近代史学刊(00):133-140,201.

张华,2012. 近代中山城市发展研究[D]. 广州:华南理工大学.

赵秉恒,等,1969. 祁州续志[M]. 台北:成文出版社.

赵志飞,2014. 中国晚清警事大辑(第一辑)[G]. 武汉:武汉出版社.

赵金辉,2014. 近代华北区域城市体系重构对保定城市的影响[J]. 河北广播电视大学学报,19(04):20-23.

赵金辉,2013. 论清末时期的警政改革与社会转型——以保定为例[J]. 辽宁行政学院学报(02):144-145,150.

朱寿朋,1958. 光绪朝东华录[Z].北京:中华书局.

朱寿朋,2006. 光绪朝东华录(第五册)[M]. 台北:文海出版社有限公司.

朱懋德,等,1976. 直隶完县志[M]. 台北:成文出版社.

朱英,1996. 晚清经济政策与改革措施[M]. 武汉:华中师范大学出版社.

祝尔娟,2014. 北京在推进京津冀协同发展中应发挥核心引领带动作用[J]. 中国流通经济,28(12):16-19.

庄林德,张京祥,2002. 中国城市发展与建设史[M]. 南京:东南大学出版社.

左海军,2011. 沦陷时期保定商会研究[D]. 保定:河北大学.

日军参谋本部,1927. 直隶省兵要地志[M].[出版者不详]

波多野善大,1973. 中国近代軍閥の研究[M]. 河出書房新社刊.

德永智,2013.日中戦争下の山西省太原都市計画事業[J]. アジア経済,54(2):56-78.

德永智,2013.日中戦争下の山西省太原都市計画事業[J]アジア経済,54(2):56-78.

CARTIER C L, 1988. Mercantile cities on the South China Coast: Ningbo, Fu zhou, and Xiamen, 1840–1930 [D]. Berkeley: University of California.

CARTIER C L, 1992. Mercantile cities on the South China Coast: Ningbo, Fu zhou, and Xiamen, 1840–1930 [D]. Ann Arbor: University of Michigan Press.

COHEN P, 1984. Discovering history in China: American historical writing on the recent Chinese past [M]. NewYork: Columbia University Press.

EVANS P B, 1995. Embedded autonomy: states and industrial transformation [M]. Princeton, New Jersey: Princeton University Press.

EVANS P B, 1997. State-society synergy: government and social capital in development [M]. Berkeley: University of California.

FAIRBANK J K, 1953. Trade and diplomacy on the China Coast: the opening of the treaty ports, 1842–1854 [M]. Cambridge, MA: Harvard University Press.

SSU-YU T, FAIRBANK J K, 1954. China's response to the west: a documentary survey, 1839–1923

［M］. Cambridge, MA: Harvard University Press.

HALSEY S R, 2015. Quset for power: European imperialism and the making of Chinese statecraft ［M］. Cambridge, MA: Harvard University Press.

LU H C, 2004. Beyond the neon lights: everyday Shanghai in the early twentieth century ［M］. Berkeley, Calif.: University of California Press.

LU H C, 1999. Beyond the neon lights: everyday Shanghai in the early twentieth century ［M］. Berkeley, Calif.: University of California Press.

KUHN P A, 2002. Origins of the Chinese modern state ［M］. Stanford: Stanford University Press.

KUHN P A, 2003. Origins of the Chinese modern state ［M］. Stanford: Stanford University Press.

MANN S, 1984. Urbanization and historical change in modern China ［J］. Modern China 10 (1): 79-113.

MACKINNON S R, 1981. Power and politics in late imperial China: Yuan Shi-kai in Beijing and Tianjin, 1901-1908 ［M］. Berkeley: University of California Press.

MACKINNON S R, 1980. Power and politics in late imperial China: Yuan Shi-kai in Beijing and Tianjin, 1901-1908 ［M］. Berkeley: University of California Press.

MIGDAL J S, 1988. Strong societies and weak states: state-society relations and state Capabilities in the Third World ［M］. Princeton, New Jersey: Princeton University Press.

MOULDER F, 1977. Japan, China and the modern world economy: toward a reinterpretation of east Asian development, ca.1600-ca.1918 ［M］Cambridge, MA: Cambridge University Press.

MURPHEY R, 1953. Shanghai, key to modern China ［M］. Cambridge, MA: Harvard University Press.

MURPHEY R, 1954. The city as a center of change: western Europe and China ［J］. Annals of the Association of American Geographers, 44: 4.

MURPHEY R, 1954. The city as a center of change: western Europe and China ［J］. Annals of the Association of American Geographers, 44 (4): 349-362.

POMERANZ K, 1993. The making of a hinterland: state, society, and economy in inland north ［M］. Berkeley: University of California Press.

POMERANZ K, 2000. The great divergence: China, Europe and the making of the modern world economy ［M］. Princeton, NJ: PrincetonUniversity Press.

POWELL R, 1955. The rise of Chinese military power, 1895-1912 ［M］. Princeton: Princeton University Press.

ROGASKI R, 2004. Hygienic modernity: meanings of health and disease in treaty-port China ［M］. Berkeley: University of California Press.

SKINNER G W, 1977. The city in late imperial China ［M］. Stanford, Calif.: Stanford University Press.

SCOTT J W R. 1900. People of China: their country, history, life, ideas, and relations with the foreigner ［M］. Methuen & Co., Ltd.

STAPLETON K, 2000. Civilizing Chengdu: Chinese urban reform, 1895-1937 ［M］. Cambridge: Harvard University Asia Center.

WEBER M, 1951. The religion of China ［M］. New York.

WEBER M, et al., 1951. The religion of China ［M］. Glencor, Ill.

WEBER M, et al., 1962. The city [M]. New York: Collier Books.

WONG R B, 1997. China transformed: historical change and the limits of European experience [M]. Ithaca, N.Y.: Cornell University Press.

DAI Y C, 2009. The Sichuan frontier and Tibet: imperial strategy in the early Qing [M]. Seattle: university of washington Press.

致　谢

　　衷心感谢我的恩师吴唯佳教授：在与恩师的学术交流中，深刻体会到了"把个人抱负与国家发展、社会需求紧密结合起来"的治学精神，这将是我走出象牙塔后的重要人生目标；在与恩师的日常畅谈中，深刻感受到了恩师隐隐但又甚为温暖的关怀，犹记2020年处于博士生涯低谷期时来自恩师的鼓励和劝诫；在与恩师的工作协作中，深刻学习到了恩师身体力行的行事之道，"学会十指弹琴"的教诲已深深刻进了我的学习、工作、生活之中。总之，四年半的跟随收获了众多宝贵的人生财富，四年半后，您的教诲将继续鞭策我不断成长。

　　感谢在四年的《保定历史文化名城保护规划（2021—2035年）》编制与论文写作过程中，帮助我前进的武廷海教授、于涛方副教授、唐燕副教授、王英副教授、梁思思副教授、赵亮副教授、周政旭副研究员、袁琳副研究员、孙诗萌助理教授以及朱宝凤老师、梁伟侠老师等。感谢东南大学李百浩教授、同济大学孙施文教授、北京大学吕斌教授、哈尔滨工业大学董慰教授、重庆大学杨宇振教授、河北大学贾慧献副教授等对本书写作提出的宝贵建议。感谢恩师李和平教授，在我离渝赴京后，仍年复一年地关心我的学习与生活。感谢张志强副局长、梁玲玲副局长、马辉处长、张永会处长、王国华处长、曲云龙、刘岩、白炜、刘亚峰等保定市的各位领导与同志对本书调研与资料收集提供的大力支持。

　　感谢张弘教授、曹彬副教授以及徐高峰、汪越、袁周、曹祺文、李经纬、刘可、裴昱、吴濯杭、伍赟、刘真、黎晗东、朱云龙、杨鹏辉等老师、社工战友以及好友，使我收获众多学习之外的宝贵经历与多彩生活。感谢同门郭磊贤、张健新、秦李虎、刘钊启、赵文宁、唐婧娴、孟祥懿、哈日贵、刘艺、王怡鹤、吴廿迎、杨建亚等师兄师姐与同学们，四年半的同学共进是我人生中一段极为珍贵的记忆。感谢建院男足的一众兄弟们，感谢与你们并肩作战度过艰难但又逐渐上升的四个赛季，望建院男足早日重回巅峰。感谢在清华的母校同学孔德容、弋念祖、徐腾、马之野、邓夕也等，望我们的母校越来越好。还要感谢在北京的家乡挚友付泉川、文彦博、闫芮、袁睿琦、卢维子等，望"帝都青穗"越来越好。

　　最后，感谢父母的默默支持，让我的博士生涯毫无后顾之忧。感谢爱人，虽然我们还仅仅是常隔两地的"新人"，但相互扶持、相互成就的四年半让我们得以很快转换角色，犹记疫情中我们在同一张书桌上的日夜苦读，身处濒临放弃边缘的我得到另一半悉心的陪伴。你们是我过去学习以及未来工作路上最为坚实的后盾。

吴　骞

2021年12月于清华园